Diogenes Taschenbuch 21924

W0237973

Patricia Highsmith

Suspense

oder

Wie man einen Thriller schreibt

Aus dem Amerikanischen von Anne Uhde

Diogenes

Titel der 1966 erschienenen Originalausgabe:
›Plotting and Writing Suspense Fiction‹
Copyright © 1966, 1972, 1981 by Patricia Highsmith
Das Kapitel ›Der erste Entwurf‹ wurde
von Werner Mintosch übersetzt und erschien
erstmals in *Über Patricia Highsmith*,
Diogenes Verlag 1980
Die deutsche Erstausgabe erschien
1985 im Diogenes Verlag

Veröffentlicht als Diogenes Taschenbuch, 1990
Alle deutschen Rechte vorbehalten
Copyright © 1985
Diogenes Verlag AG Zürich
80/95/8/2
ISBN 3 257 21924 5

Inhalt

Vorwort 7
Der Keim einer Idee 9
Nutzbarmachung von Erfahrungen 19
Die Suspense-Kurzgeschichte 30
Entwicklung 39
Der Plot 53
Der erste Entwurf 60
Die Haken 75
Die zweite Fassung 89
Änderungen 94
Entstehungsgeschichte eines Romans:
Die gläserne Zelle 99
Allgemeine Bemerkungen zum Begriff Suspense 121

Vorwort

Dieses Buch ist kein Ratgeber-Handbuch. Man kann unmöglich erklären, wie ein erfolgreiches – das heißt, ein lesbares – Buch zu schreiben ist. Doch eben das macht Schreiben zu einem lebendigen und aufregenden Beruf: die ständige Möglichkeit des Mißlingens.

Deshalb bin ich hier auf meine Mißerfolge ebenso ausführlich eingegangen wie auf die Erfolge, denn aus Mißerfolgen kann man viel lernen. Wenn ich meine zuweilen erheblichen Verluste an Zeit und Mühe und auch die Gründe dafür offenlege, kann ich vielleicht andere Schriftsteller davor bewahren, daß sie das gleiche durchmachen. Man kann nicht gerade sagen, daß ich in den ersten sechs Jahren meiner Laufbahn viel Erfolg gehabt hätte; bis dann ein paar Glücksfälle eintraten. Ich halte aber Glück nicht für eine Kraft, um die man sich bemühen oder auf die man sich verlassen kann. Glück hängt für einen Schriftsteller wohl zum großen Teil von der richtigen Publicity zur richtigen Zeit ab, und darauf gehe ich hier ein.

Suspense fängt ganz unten an und wendet sich an junge angehende Schriftsteller, obgleich natürlich ein angehender Schriftsteller reiferen Alters als Schriftsteller ebenfalls noch jung ist. Die Vorarbeit ist immer die gleiche. Alle Anfänger haben bei mir von vornherein einen Stein im Brett, weil sie auf Gedeih und Verderb das Risiko auf sich nehmen wollen, ihre Gefühle, ihre Schrullen, ihre Weltanschauung den prüfenden Blicken der Öffentlichkeit preiszugeben.

Deshalb beginne ich mit alltäglichen Ereignissen, die vielleicht der zündende Funke für eine Story sein können. An diesem Punkt setzt der Schriftsteller ein – zuerst der Schriftsteller und dann der Leser. Die Kunst besteht darin, die Aufmerksamkeit des Lesers festzuhalten, indem man ihm etwas erzählt, das ihn amüsiert oder für das er bereit ist, ein paar Minuten oder Stunden herzugeben.

Ich spreche in diesem Buch viel von den Nebensächlichkeiten und den Zufällen, die dazu geführt haben, daß ich ein paar gute Geschichten oder Bücher schrieb. Die unverhofften und oft unwichtigen Begebenheiten sind es, die einen Schreibenden inspirieren können. Weil ich mit *Die gläserne Zelle* mehr als die üblichen Schwierigkeiten hatte, beschreibe ich meine Inspiration für diese Story, meine Schwierigkeiten bei der Beschaffung von Hintergrundmaterial, dann die Scherereien mit Verlegern, eine Ablehnung, schließlich eine Zusage und dann, als Zuckerguß auf dem Kuchen, den Film, der unter dem gleichen Titel nach dem Buch gedreht wurde.

Viele angehende Schriftsteller sind der Meinung, arrivierte Autoren müßten ein Erfolgsrezept haben. Vor allem mit dieser Vorstellung räumt mein Buch auf. Es gibt beim Schreiben kein geheimes Erfolgsrezept, es gibt nur Individualität oder, wenn man so will, Persönlichkeit. Und da jeder Mensch sich vom anderen unterscheidet, kann nur der einzelne darlegen, worin sein Unterschied zum anderen besteht. Das ist es, was ich das Öffnen des Geistes nenne. Es ist aber nichts Mystisches, es ist nur eine Art Freiheit – organisierte Freiheit.

Suspense wird niemanden zu härterer Arbeit anspornen. Aber es wird hoffentlich Menschen, die schreiben wollen, das erkennen lassen, was sie bereits in sich haben.

Patricia Highsmith

Der Keim einer Idee

Wenn man ein Buch schreibt, so ist der erste Mensch, dem das Geschriebene gefallen muß, der Schreibende selber. Macht einem das Schreiben so lange Spaß, wie man an dem Buch arbeitet, dann können und werden auch Verleger und Leser später Freude daran haben.

Jede Story mit einem Anfang, einer Mitte und einem Schluß hat Suspense – Spannung – in sich, und eine Suspense Story, ein Thriller, hat besonders viel. Ich werde in diesem Buch das Wort Suspense so benutzen, wie es in Amerika im Buchhandel benutzt wird: Suspense-Stories sind Geschichten, in denen physische Gewaltanwendung und Gefahr drohen oder tatsächlich stattfinden. Ein weiteres Charakteristikum der Suspense-Story liegt darin, daß sie Unterhaltung – meist in lebhaftem und oberflächlichem Sinne – liefert. In einem Thriller erwartet man keine profunden Gedankengänge, keine langen Absätze ohne Action. Aber das Schöne am Genre »Suspense« ist, daß ein Autor, wenn er das will, auch profunde Gedanken äußern und manche Passagen ohne körperliche Action belassen kann, weil ja das Gerüst aus einer unbedingt lebendigen Story besteht. *Schuld und Sühne* ist dafür ein glänzendes Beispiel. Überhaupt würde man vielleicht die meisten von Dostojewskijs Büchern als Suspense-Romane bezeichnen, wenn sie heute zum erstenmal erschienen. Nur würde man verlangen, daß er sie kürze – wegen der Herstellungskosten.

Entwicklung des Keims einer Geschichte

Was ist der Keim einer Idee? Vermutlich alles Erdenkliche für jeden Schriftsteller: Ein Kind fällt auf dem Bürgersteig hin und verschüttet seine Eiscreme. Ein respektabel aussehender

Mann im Lebensmittelgeschäft steckt heimlich, wie unter einem Zwang, eine reife Birne ein und bezahlt sie nicht. Es kann auch eine kurze Folge von Handlungen sein, die einem aus der Luft in den Kopf kommt, ohne daß man etwas gesehen oder gehört hat. Zu dieser letzten Gattung gehören die meisten meiner Ideenkeime. Der Keim für den Plot in *Zwei Fremde im Zug* war zum Beispiel dies: »Zwei Menschen treffen eine Vereinbarung. Jeder soll den Feind des anderen umbringen, damit auf diese Weise ein perfektes Alibi aufgebaut werden kann.« Der Ideenkeim für ein anderes Buch, *Der Stümper,* war nicht so vielversprechend und wollte sich absolut nicht weiterentwickeln, erwies sich aber als hartnäckig, denn er ging mir länger als ein Jahr nicht aus dem Kopf und ließ mir keine Ruhe, bis ich einen Weg fand, darüber zu schreiben, und zwar: »Zwei Verbrechen ähneln sich auffallend, obgleich die Täter einander nicht kennen.« Diese Idee würde, glaube ich, viele Schriftsteller gar nicht interessieren. Es ist eine »Na und?«-Idee, sie braucht schmückendes Beiwerk und Komplikationen. In dem Buch, das dabei herauskam, ließ ich das erste Verbrechen von einem einigermaßen kaltblütigen Killer begehen, das zweite von einem Amateur, der den ersten nachahmen wollte, weil er glaubte, der erste Killer sei ungestraft davongekommen. Und das wäre er auch, hätte nicht der zweite Mann den stümperhaften Versuch unternommen, ihn zu imitieren. Der zweite führte seine Tat nicht mal ganz aus – er kam nur bis zu einem gewissen Punkt, einem Punkt, an dem die Ähnlichkeit so auffiel, daß ein Kriminalbeamter aufmerksam wurde. So kann eine »Na und?«-Idee mehrere Gesichter haben.

Es gibt Ideen, die sich niemals parthenogenetisch entwickeln; sie brauchen eine zweite Idee, um in Gang zu kommen.

Ein solcher untauglicher Geschichtenkeim war der Ursprung zu *Der süße Wahn.* »Ein Mann will sich Geld beschaffen durch den alten Versicherungstrick: er schließt eine hohe

Lebensversicherung ab, kommt dann scheinbar zu Tode oder verschwindet und streicht schließlich die Versicherungssumme ein.« Es muß doch einen Weg geben, dachte ich, diese Idee originell aufzuzäumen und sie – frisch und fesselnd – in eine neue Story einzubauen. Wochenlang zerbrach ich mir abends den Kopf darüber. Mein Verbrecherheld sollte mit neuem Namen ein anderes Haus beziehen, ein Haus, in das er endgültig einziehen konnte, wenn sein wahres Ich allem Anschein nach tot und verschwunden war. Aber die Idee wollte kein Leben annehmen. Eines Tages tauchte dann der zweite Teil auf – in diesem Falle ein weit besseres Motiv, als ich bis dahin geplant hatte: ein Liebesmotiv. Der Mann richtete das zweite Haus für das Mädchen ein, das er liebte, aber niemals für sich gewann, wie aus der Geschichte dann hervorging. Die Versicherung oder das Geld interessierte ihn gar nicht, denn Geld hatte er. Es war ein Mann, der von seinem Gefühl besessen war. In mein Notizbuch schrieb ich unter die ganzen fruchtlosen Notizen: »Alles Obige ist Quatsch« und arbeitete dann auf der neuen Gedankenbahn weiter. Plötzlich erwachte alles zum Leben. Ein wunderbares Gefühl.

Die Phantasie des Schriftstellers

Eine weitere Story, die zwei Keime brauchte, um zum Leben zu erwachen, war *Die Schildkröte*, eine Kurzgeschichte, die von den Mystery Writers of America ausgezeichnet wurde und seither in Anthologien aufgenommen wurde. Der erste Keim entstand aus einer Geschichte, die mir eine Freundin von einer Bekannten erzählte. Von solchen Stories erwartet man nicht, daß sie fruchtbare Keime in sich tragen, weil es nicht die eigenen Stories sind. Eine noch so aufregende Geschichte, die einem ein Freund mit der fatalen Bemerkung erzählt: »Daraus kannst du eine fabelhafte Story machen, das weiß ich«, hat für einen Schriftsteller garantiert nicht den geringsten Wert. Wenn es eine Story ist, dann ist es ja schon eine

Story und bedarf nicht mehr der Phantasie eines Schriftstellers; seine Phantasie und seine Gedanken lehnen sie vom künstlerischen Standpunkt aus ab, so wie seine Haut die Verpflanzung der Haut eines anderen ablehnen würde. Einer bekannten Anekdote zufolge hat Henry James einmal, als ein Freund ihm eine Geschichte erzählen wollte, ihn schon nach ganz wenigen Worten gebremst. James hatte genug gehört und wollte den Rest lieber der eigenen Phantasie überlassen.

Dies also ist die Story: »Eine Witwe, von Beruf Werbezeichnerin, drangsaliert und plagt ihren zehnjährigen Sohn, läßt ihn die Kleidung viel jüngerer Kinder tragen, verlangt, daß er ihre Kunstwerke lobt und bewundert und macht aus dem Kind einen wahren Neurotiker.« Gut, das war eine ganz interessante Story. Meine Mutter war Werbezeichnerin (sie ist aber nicht so wie diese Mutter), und ich behielt die Story etwa ein Jahr lang im Kopf, hatte aber nie den Drang, sie zu schreiben. Dann blätterte ich eines Abends bei Freunden in einem Kochbuch und fand ein gräßliches Rezept für Schildkröten-Ragout. Das Rezept für Schildkrötensuppe war kaum weniger scheußlich, nur mußte man hier wenigstens warten, bis die Schildkröte den Kopf vorstreckte, den man dann mit einem scharfen Messer abtrennte. Leser, die der Meinung sind, daß Thriller allmählich öde werden, könnten vielleicht mal in einem Kochbuch die Seiten durchsehen, die sich mit unseren gefiederten Freunden und Schalentieren befassen. Eine Hausfrau muß schon ein Herz aus Stein haben, wenn sie die Rezepte lesen und womöglich noch ausführen will. Hier wurde die Schildkröte, die man töten wollte, bei lebendigem Leibe gekocht. Das Wort »töten« wurde nicht genannt, und das war auch nicht nötig, denn wer oder was konnte kochendes Wasser überleben?

Sobald ich das gelesen hatte, kam mir die Geschichte mit dem drangsalierten kleinen Jungen wieder in den Sinn. Ich wollte eine Schildkröte als Angelpunkt der Story nehmen; die Mutter hat eine Schildkröte zum Kochen mitgebracht – eine

Schildkröte, von der der Junge zunächst glaubt, sie sei für ihn zum Spielen bestimmt. Der Junge erzählt einem Schulfreund von der Schildkröte; er versucht damit sein Prestige zu heben und verspricht, sie ihm zu zeigen. Dann muß der Junge erleben, wie die Schildkröte in kochendem Wasser umgebracht wird, und die ganze aufgestaute Bitterkeit, der schwelende Haß auf die Mutter kommen zum Ausbruch. Mitten in der Nacht tötet er die Mutter mit dem Küchenmesser, das sie zum Tranchieren der Schildkröte benutzt hatte.

Monatelang, vielleicht länger als ein Jahr, hatte ich vor, einen Teppich als Versteck für eine Leiche zu benutzen, einen Teppich, den vielleicht jemand am hellen Tage aufgerollt aus einer Haustür trägt – allem Anschein nach zur Reinigung, tatsächlich aber ist eine Leiche darin verborgen. Ich war ziemlich sicher, daß das schon mal jemand geschrieben hatte. Irgend jemand erzählte mir – ich weiß nicht, ob es stimmt –, daß Murder Inc. solche Mittel benutzte, um einige der Leichen von einem Ort zum anderen zu transportieren. Und doch, die Idee interessierte mich, und ich versuchte mir auszudenken, wie ich das Thema »Leiche im Teppich« frisch und amüsant und anders anfassen könnte. Eine naheliegende Möglichkeit war die, daß gar keine Leiche drin war. Dann müßte derjenige, der den Teppich schleppte, des Mordes verdächtigt werden; man müßte ihn sehen, wie er (vielleicht verstohlen) den Teppich wegtrug; er mußte also, kurz gesagt, ein Scherzbold sein. Der Keim begann sich leise zu regen. Ich verband ihn mit einem anderen Ideenfaden von einem Schriftsteller-Helden, der auf einem sehr dünnen und durchsichtigen Seil zwischen Wirklichkeit und erträumten Plots balanciert und beide manchmal etwas durcheinanderbringt. Diese Art Schriftsteller-Held, dachte ich, könnte nicht nur amüsant sein – ich meine das im komischen Sinne –, er könnte auch die harmlose alltägliche Schizophrenie beleuchten, die überall und bei allen Menschen anzutreffen ist. Das Buch, das dabei herauskam, war *Der Geschichtenerzähler.*

Ideenkeime können also klein oder groß sein, einfach oder komplex, fragmentarisch oder annähernd vollständig, still oder beweglich. Die Hauptsache ist, daß man sie erkennt, wenn sie auftauchen. Ich erkenne sie an einer gewissen Erregung, die sie sofort mit sich bringen, ähnlich der Erregung der Freude an einem guten Gedicht oder einer Gedichtzeile. Manche Dinge, die wie Plot-Ideen aussehen, sind gar keine: sie wachsen nicht und bleiben auch nicht im Gedächtnis haften. Doch die Welt ist voll von Ideenkeimen. Ganz ideenlos zu sein ist gar nicht möglich, denn Ideen finden sich überall. Aber es gibt ein paar Dinge, die bewirken können, daß man sich ideenlos vorkommt. Dazu gehört physische und geistige Erschöpftheit; manche Menschen sind, weil sie unter irgendeinem Druck stehen, nicht imstande, das ganz leicht zu beheben, auch wenn sie wissen, wie man es macht, und es tun würden, wenn sie könnten. Das beste Mittel ist, die Arbeit und alle Gedanken daran zu unterbrechen und eine Reise zu machen – selbst eine kleine, billige Reise, nur um des Szenenwechsels willen. Ist das nicht möglich – dann machen Sie einen Spaziergang. Manche junge Schriftsteller treiben sich zu hart an, und in der Jugend geht das auch ganz gut, bis zu einem gewissen Punkt. An diesem Punkt rebelliert das Unbewußte, die Worte weigern sich zu kommen, die Ideen weigern sich, geboren zu werden. Das Gehirn verlangt dann Urlaub, ob man sich den Urlaub nun leisten kann oder nicht. Es lohnt sich für einen Schriftsteller, einen Neben- oder Brotberuf zu haben, bis er so viele Bücher hinter sich hat, daß sie ihm ein kleines, regelmäßig reintröpfelndes Einkommen verschaffen.

Eine weitere Ursache für das Ausbleiben von Ideen ist, daß der Schreibende sich mit der falschen Art von Menschen umgibt, oder auch daß überhaupt Leute um ihn herum sind. Natürlich können Menschen anregend sein, und ein zufälliger

Satz, ein Ansatz zu einer Geschichte können seine Phantasie entzünden. Meistens aber ist die Ebene geselligen Beisammenseins nicht die Ebene schöpferischer Einfälle, nicht die Ebene, auf der schöpferische Ideen entstehen. Es ist schwierig, das eigene Unbewußte wahrzunehmen oder darauf zu reagieren, wenn man mit einer Gruppe von Menschen zusammen ist, oder auch nur mit einem einzigen, was aber schon leichter ist. Das ist im Grunde merkwürdig, denn es kommt vor, daß gerade die Menschen, die wir gern haben oder lieben, wie Gummiisolatoren auf den zündenden Funken der Inspiration reagieren. Man wird mir hoffentlich verzeihen, wenn ich von Bakterien auf Elektrizität umschwenke, um den kreativen Prozeß zu beschreiben. Er ist schwer zu beschreiben. Ich möchte auch nicht, daß sich das, was ich von Menschen und von ihrer Wirkung auf den Schreibenden sage, irgendwie mystisch anhört; aber es gibt Leute – oft sind es gerade die unwahrscheinlichsten: beschränkt, träge, in jeder Beziehung mittelmäßig –, die aus irgendeinem unerklärlichen Grunde stimulierend auf die Phantasie einwirken. Ich kenne viele solche Leute; und wenn ich kann, suche ich sie gern von Zeit zu Zeit auf und rede mit ihnen. Es macht mir nichts aus, daß mich andere vielleicht fragen: »Was in aller Welt findest du nur an X oder Y?«

Unsichtbare Antennen

Schriftstellerkollegen habe ich niemals anregend gefunden. Das gleiche habe ich andere Schriftsteller sagen hören, und ich glaube nicht, daß Eifersucht oder Mißtrauen der Grund ist. Französischen Autoren soll es, wie ich höre, im allgemeinen nicht so gehen, sie treffen sich gern und reden über ihre Arbeiten. Ich kann mir nichts Schlimmeres oder Riskanteres vorstellen, als über meine Arbeit mit einem anderen Schriftsteller zu sprechen; ich käme mir geradezu nackt vor. Vermutlich ist es eine angelsächsische und amerikanische Eigenheit, daß ein Schriftsteller seine Arbeit für sich behalten soll, und ich bin offensichtlich damit geschlagen. Ich glaube, das wechselseitige Unbehagen unter Schriftstellern kommt daher, daß sie sich alle irgendwie auf der gleichen Ebene befinden, wenn sie Romane schreiben. Ihre unsichtbaren Antennen tasten die Luft nach den gleichen Schwingungen ab; oder, um eine grobschlächtigere Metapher zu benutzen, sie schwimmen alle in derselben Tiefe, die Zähne gefletscht auf der Suche nach der gleichen Art treibenden Planktons. Mit Malern komme ich viel besser aus, und Malerei ist die dem Schreiben am nächsten verwandte Kunst. Maler sind daran gewöhnt, ihre Augen zu benutzen, und ein Schriftsteller tut gut daran, es ebenso zu machen.

Ein noch so geringfügiger Ideenkeim bringt oft schon ein wichtiges Moment für das Endprodukt mit sich: Atmosphäre. So war zum Beispiel der Keim zu *Der Stümper* (die Ähnlichkeit von zwei Verbrechen) schon von einer bestimmten Atmosphäre umgeben, und zwar von Trübsinn und Defätismus. Ob ich den Keim in ein reiches oder karges Umfeld pflanzte, mit jungen oder alten Protagonisten: die Idee selbst bleibt düster, verzweifelt und kraftlos, denn ein Mann, dem nichts Besseres einfällt, als das Verbrechen eines anderen nachzuahmen, ist im Innersten kraftlos. So sieht auch der Plot aus für einen Helden, der scheitern und tragisch enden muß.

Eins meiner Bücher, *Die zwei Gesichter des Januars,* hatte ganz besonders vage Ideenkeime. Trotzdem wurde es ein unterhaltsamer Roman, der in England auf die Bestsellerliste kam. Mein Schwung, als ich das Buch in Angriff nahm, war groß, aber anfangs ziemlich kraus. Ich wollte ein Buch schreiben über einen jungen unbekümmerten Amerikaner (ich nannte ihn Rydal), der auf der Suche nach Abenteuern ist, kein Beatnik, sondern ein kultivierter und intelligenter junger Mann, und sicher kein Verbrecher. Ich wollte schreiben, welche Wirkung es auf diesen jungen Mann hatte, als er einen Fremden traf, der seinem eigenen autoritären Vater sehr ähnlich sah. Ich hatte damals gerade eine Reise nach Griechenland und Kreta gemacht, im Winter, und war natürlich stark beeindruckt von allem Gesehenen. Ich erinnerte mich an ein altes muffiges Hotel in Athen; der Service war nicht sehr gut, die Teppiche waren abgetreten, in den Korridoren hörte man täglich ein Dutzend verschiedene Sprachen, und dieses Hotel wollte ich in mein Buch übernehmen. Auch den labyrinthhaften Palast von Knossos, den ich besucht hatte, wollte ich benutzen. Auf dieser Reise hatte mich einmal ein Mann mittleren Alters, Absolvent einer der angesehensten Universitäten Amerikas, beschwindelt. Sein Gesicht war durchaus aristokratisch, aber schwach, und das konnte das Gesicht meines Gauners Chester MacFarland sein, des Mannes, der Rydals höchst achtbarem Vater, einem Professor, so ähnlich sah.

Chester ist verheiratet mit einer sehr hübschen jungen Frau, die so alt ist wie der junge Amerikaner. Mit diesen paar Ingredienzen nahm ich die abenteuerliche Geschichte mit großem Schwung in Angriff. Die beiden jungen Leute finden Gefallen aneinander, aber zu einer wirklichen Liebesaffäre kommt es nicht; die junge Frau wird versehentlich von Chester, der Rydal zu töten versucht, umgebracht. Jetzt sind Chester und Rydal zwei- oder sogar dreifach aneinander gebunden. Erstens, weil Rydal weiß, daß Chester seine Frau getötet hat, zweitens, weil Rydal weiß, daß Chester in Athen einen Polizeibeamten umgebracht hat, und drittens, weil Rydal besessen ist von einer Art Haßliebe für Chester, der Rydals Vater so ähnlich sieht, und weil Rydal nicht fähig ist zu dem unsportlichen Schritt, Chester einfach der Polizei zu übergeben. Natürlich liegen die Dinge im Buch nicht so einfach, denn Chester gelingt es zu flüchten und sich eine Weile vor Rydal zu verstecken. Chester flüchtet sowohl vor Rydal wie vor dem Gesetz. Wir erleben, wie Chester charakterlich immer weiter absinkt, und wie Rydal sich schließlich klar wird über die eigenen Gefühle gegenüber seinem Vater, der ihn mehrfach recht unsanft behandelt hat.

Dringend empfehle ich jedem Schreibenden, ein Notizbuch zu führen – ein kleines, wenn er tagsüber beruflich unterwegs sein muß, oder ein größeres, wenn er sich den Luxus leisten kann, zu Hause zu arbeiten. Selbst drei oder vier Worte lohnt es sich oft aufzuschreiben, wenn sie einen Gedanken, einen Einfall oder eine Laune festhalten. In Dürrezeiten sollte man ab und zu in den Notizbüchern blättern – es kann sein, daß dann ein Einfall plötzlich zum Leben erwacht. Zwei Einfälle können sich verbinden, vielleicht weil sie dazu von Anfang an bestimmt waren.

Nutzbarmachung von Erfahrungen

Ich habe das Gefühl, bisher lauter Schnipsel und Brocken von Informationen vorgelegt zu haben, die keinen rechten Begriff davon vermitteln, wie es wirklich ist, wenn man ein Buch schreibt. Vielleicht ist das auch gar nicht möglich. Die Art zu arbeiten, sich eine Story und die Charaktere auszudenken, ist bei allen Menschen so verschieden. Doch was mich vor allem daran hindert, über das Schreiben zu schreiben, ist die Unmöglichkeit, Regeln aufzustellen. Ich will keine Regeln aufstellen und kann daher nichts tun als Vorschläge machen, wie man ein Buch in Angriff nimmt; einige werden für manche Leute nützlich und andere vielleicht für niemanden brauchbar sein.

Der Dramatiker Edward Albee hat einmal gesagt, er stelle sich zunächst seine Charaktere in einer ganz anderen Situation vor als der, die er für ein geplantes Stück im Auge hat. Wenn er sie dazu bewegen kann, sich richtig oder normal zu verhalten, dann fängt er an, das Stück zu schreiben. Ein anderer erfolgreicher Dramatiker entrüstet sich über Aristoteles, weil dieser behauptete, eine Story brauche einen Anfang, eine Mitte und einen Schluß. Albees Idee interessiert mich nicht, sie könnte aber andere Leute interessieren. Mir ist klar, was der zweite Dramatiker meint: ein Stück sollte so nah vor dem Ende seiner Story wie möglich beginnen. Das ist ein altes Gesetz der Dramatik. Wenn ich nun Bücher schreibe, so mache ich einen Kompromiß, ganz bewußt, weil ich Bühnendramatik gelernt habe und weil ich langsame Anfänge mag.

Ein Buch zu schreiben und es erfolgreich abschließen braucht ein gewisses Maß an Schwung und Antrieb und Überzeugung, das bis zum Abschluß des Buches anhalten muß. Andererseits habe ich von Schriftstellern gehört, daß sie mit einer dramatischen Szene zu schreiben anfangen, die erst im dritten Viertel des Buches vorkommt. Wie käme ich dazu, zu behaupten, das sei falsch?

Ein Buch entsteht nicht, indem man sich einmal hinsetzt, wie bei einem Gedicht; es ist eine längere Sache, die Zeit und Energie verlangt, aber ebenso Geschicklichkeit, und deshalb kommt es vor, daß der erste und vielleicht auch der zweite Versuch noch keinen Markt findet. Ein Schriftsteller sollte nicht glauben, er sei schlecht oder erledigt, wenn so etwas vorkommt, und ein Schriftsteller mit echtem Drive wird das auch nicht tun. Aus jedem Mißerfolg läßt sich etwas lernen. Man muß spüren, wie es jeder erfahrene Schriftsteller spürt, daß dort, wo dieser Einfall herkam, noch mehr sind, daß dort, wo die anfängliche Kraft herkam, noch mehr Kräfte wachsen, und daß man unerschöpflich ist, solange man lebt. Dazu bedarf es – zumindest – einer optimistischen Denkweise, und wenn man die nicht von Natur aus hat, so muß sie künstlich geschaffen werden. Manchmal muß man sich dazu überreden. Psychologisch gesprochen: eine angemessene Trauerzeit für ein abgelehntes Manuskript ist gut (damit meine ich ein zwanzigmal und nicht ein nur zwei- oder dreimal unwiderruflich abgelehntes), aber länger als ein paar Tage sollte sie nicht dauern. Und das Manuskript darf man nicht gleich wegwerfen, denn nach zwei oder drei Jahren weiß man vielleicht genau, was zu tun ist, damit es sich verkauft.

Um den notwendigen Schwung zu erreichen, den stetig-starken Fluß, der das Buch bis zum Ende trägt, sollte man warten, bis man spürt, daß die Story ans Licht drängt. Das kommt ganz allmählich, während Plot und Entwicklung fortschreiten; man kann es auch nicht beschleunigen, denn es ist ein emotionaler Prozeß, ein Gefühl emotionaler Vollendung, so als sagte man eines Tages zu sich selber: »Fabelhafte Story – ich kann es kaum erwarten, sie zu erzählen.« Dann fange man an zu schreiben!

Emotionale Erfahrung

Ich habe nun schon eine ganze Menge über Plots und Gimmicks – das sind Tricks oder ›Maschen‹ – gesagt, aber noch nicht genug über Emotionen, die auch beim Schreiben von Thrillern eine Rolle spielen. Gute Short Stories entstehen nur aus den Emotionen des Autors, und die Themen könnten ebenso gut in Gedichten zu Worte kommen. Selbst wenn ein Suspense-Buch aus reiner Berechnung entsteht, als Produkt des Intellekts, so wird es darin Szenen und Beschreibungen von Ereignissen geben – wie ein Hund überfahren wird, das Gefühl, es folge einem jemand in einer dunklen Straße –, die dem Schreibenden wahrscheinlich vertraut sind. Das Buch ist stets besser, wenn es solche Erlebnisse aus erster Hand, die auf echten Gefühlen beruhen, enthält. Es gehört zu den Funktionen eines Notizbuches, daß man solche Sachen darin festhält, emotionale Erlebnisse, auch wenn man beim Notieren noch gar keinen Roman im Kopf hat, für den sie zu gebrauchen wären.

Man könnte das bezeichnen als persönliche Art des Schreibens, im Gegensatz zum Schreiben nach bestimmten Gimmicks oder ›Maschen‹. Solche Maschen sind für mich seichte Unterhaltungsware, und man darf nicht erwarten, daß intelligente Leser sie amüsant finden. Viele Leute, die nicht schreiben und auch gar nicht schreiben wollen, sind imstande, sich solche Gimmicks auszudenken. Es sind einfach Trickeinfälle, die an sich mit Literatur oder auch nur mit guter Prosa nicht mehr zu tun haben als handgreifliche Späße. Manchmal ist es ein überraschendes Ende, manchmal ein medizinisches oder chemisches Detail, das der durchschnittliche Laie nicht kennt und das aber das Schicksal des Helden zum Bösen oder zum Guten wendet. Es kann auch eine Information sein, die dem Leser – willkürlich und unbilligerweise – bis zum Ende der Story oder des Buches vorenthalten wird. Mittelmäßige Schreiber kleiden solche Gimmicks in etwas Prosa ein und verkaufen sie als Short Stories. Viele zweit- oder drittklassige Suspense Stories erscheinen jeden Monat in zahlreichen Zeitschriften. Sie tragen nicht gerade dazu bei, der Krimi- und Suspense-Gattung Prestige zu verleihen.

Das ›Ellery Queen's Mystery Magazine‹ setzt die Theorie, daß alle guten Stories Suspense aufweisen, in die Praxis um und bringt mehr und mehr qualitativ hochstehende Geschichten: Krimi-Stories, die sowohl Suspense wie gute Unterhaltung bieten.

Vor einiger Zeit überraschte mich das ›Ellery Queen's Mystery Magazine‹, als es eine Geschichte von mir mit dem Titel *Auf der Brücke* erwarb. Ich hatte sie an einem Wochenende in Rom geschrieben, um meine monotone Arbeit an *Die gläserne Zelle* zu unterbrechen, an der ich wochentags schrieb. Die Story basierte:

1. auf dem langsamen Lied einer Gitarre, das ich in Positano auf einer Schallplatte gehört hatte, ein Lied mit einer langen Melodienzeile, die ich weder vorher noch nachher gehört habe, und

2. auf der Bemerkung eines befreundeten Soziologen in Rom, nach der viele arme Italiener Selbstmord verübten, weil nach ihrem Tode der Staat der Witwe und den Kindern ein kleines Einkommen gewährt.

Beide, das Lied und die Information, hatten mich beeindruckt und bewegt. Das Lied blieb mir im Kopf und erinnerte mich immer wieder an Süditalien und die mediterranen Strände. Jedenfalls begann ich in meiner Wohnung in Rom, halb verrückt vor Schlafmangel, denn in meiner Gegend waren die Stunden von fünf bis sieben Uhr früh die einzige einigermaßen ruhige Zeit, eine Story zum eigenen Vergnügen zu schreiben, und es war mir egal, ob sie jemals einen Käufer fand.

In der Geschichte geht es um einen Amerikaner mittleren Alters namens Merrick, der allein eine Reise durch Europa macht, um über den Tod seiner Frau hinwegzukommen. Es beginnt damit, daß er in einem Wagen mit Fahrer an der Westküste der Riviera entlangfährt. Auf einer Brücke, die über die Landstraße führt, steht ganz ruhig ein Mann; er springt in den Tod, gerade nachdem Merricks Wagen unter ihm durchgefahren ist. Als Merrick später in einem Hotel in Positano in seinem Zimmer sitzt, liest er in der Zeitung von dem Selbstmord und schickt daraufhin eine anonyme Postanweisung über einen größeren Betrag an die Witwe, denn der Tote gehörte zu den Armen, die sich umbringen, um ihrer hungernden Familie etwas Geld zukommen zu lassen.

Merrick lernt inzwischen einen kleinen Straßenjungen kennen, den er in sein Hotel zum Abendessen einlädt, wo der Junge im Laufe des Abends die Geldbörse einer reichen Amerikanerin stiehlt. Die Postanweisung kommt ungeöffnet zurück an Merrick, denn die italienische Witwe hat sich aus Kummer umgebracht und ihre Kinder mit in den Tod genommen. So kommen Merricks stille, aber verzweifelte Versuche, durch Freundlichkeit und Güte neue Kontakte mit Menschen zu knüpfen, wie ein Bumerang zu ihm zurück und treiben ihn noch weiter in seine einsame melancholische und nebelverhangene innere Welt aus Erinnerungen an eine glücklichere Vergangenheit, die er mit der Gegenwart nicht in Einklang bringen kann. Viele Stunden sitzt er im Hotelgarten. Irgendwo spielt eine Gitarre das Lied mit der langen Melodienzeile, und es erinnert ihn an ein Lied, das er und seine Frau auf ihrer Hochzeitsreise in Amalfi hörten. Der Hoteldirektor holt schließlich einen Arzt, da er merkt, daß Merrick nicht ganz bei Sinnen ist. Merrick rafft sich auf, er verläßt die Stadt und begibt sich auf den nächsten Abschnitt der geplanten Reise nach Norden.

Er ist ein Mann im Nebel, und der Nebel verdichtet sich. Dies ist eine tragische Geschichte, und man kann sie kaum als Suspense Story bezeichnen, es kommt auch nichts Gewaltsames darin vor, bis auf den Selbstmord auf der Brücke am Anfang. Es ist eine Story, die aus eigenen Emotionen entstand, weil ich sie schreiben wollte. Ich schickte sie meinem Agenten mit dem Vermerk: »Ich weiß nicht, wo man das plazieren könnte, aber Sie vielleicht.« Und dann wurde sie im ›Ellery Queen's Mystery Magazine‹ veröffentlicht.

Beginn einer Geschichte

Als ich an *Tiefe Wasser* arbeitete, wohnte ich eine Zeitlang in einer Wohnung ohne fließendes warmes Wasser in der East 56th Street in Manhattan. Sie lag im Erdgeschoß, und vom rückwärtigen Fenster führte eine Feuerleiter vier Meter weit nach unten. Bald nach meinem Einzug kam ich eines Tages in die Wohnung und fand fünf oder sechs Jungen, keiner älter als fünfzehn, die über meinen Büchern und noch nicht weggeräumten Malsachen hockten. Sie stürzten schnell hintereinander an mir vorbei über den Flur und zur Tür hinaus. Ich hatte das Fenster etwas offen gelassen, und sie waren über die Feuerleiter hereingekommen. Mit Terpentin entfernte ich die Schmierflecken, die sie auf einem meiner Koffer hinterlassen hatten. Das Ereignis beunruhigte mich. Ein andermal saß ich am Schreibtisch und arbeitete, als ich plötzlich lautes Geschrei und Johlen und Fußgetrappel auf Eisen hörte; die Jungen fingen auf der Feuerleiter eine Schlägerei an, zwei Meter von meinem Platz entfernt. Ohne nachzudenken, schob ich mich weiter zurück ins Zimmer und stellte nach ein paar Sekunden belustigt fest, daß ich wie eine erschreckte Ratte in der entfernten Zimmerecke stehengeblieben war und mich stirnrunzelnd auf die Komposition der zweiten Hälfte des Satzes zu konzentrieren versuchte, der drüben in der Schreibmaschine steckte.

Ich mag keine Menschen, die gern Lärm machen, deshalb furchte ich sie, und da ich sie fürchte, hasse ich sie. Ein emotionaler Circulus vitiosus. In diesem Falle schlug mein Herz ganz unsinnig schnell, und ich wartete, bis die Jungens sich zum Gehen entschlossen hatten, denn ich war viel zu feige, um mit ihnen zu reden. Das könnte ich gewiß als »emotionales Erlebnis« bezeichnen.

Ein paar Monate später regte mich dieser Vorfall dazu an, eine Short Story mit dem Titel »Die Barbaren« zu schreiben. Ein junger Architekt, der oft dringende Arbeiten mit nach Hause nimmt, wird jeden Samstag und Sonntag nachmittag vom Lärm der Fußballspieler auf dem unbebauten Gelände unter seinem Fenster geplagt. Auf seine Bitte um weniger Lärm reagieren die Spieler mit Hohn und Beleidigungen; und eines Tages gehen dem Architekten die Nerven durch und er läßt einen vier Kilo schweren Stein auf den Kopf eines der Spieler fallen. Der Architekt duckt sich. Der Verletzte wird abtransportiert, kommt aber am nächsten Tag wieder und spielt mit verbundenem Kopf. Die Polizei erscheint nicht. Von nun an wird der Architekt drangsaliert: seine Fensterscheiben sind eingeschlagen, als er von der Arbeit nach Hause kommt; Kaugummi verstopft sein Türschloß, und als ihm nachts zwei der Spieler begegnen, wird er, wenn auch nicht arg, zusammengeschlagen. Er hat Angst, die Polizei um Hilfe zu bitten, denn was er getan hat, war schlimmer als die Quälereien der anderen. Die Story ließ am Ende die Situation offen.

Zunächst fand sich nirgends ein Käufer. Mit dem Gedanken, vielleicht ein Filmdrehbuch daraus zu machen, erweiterte ich die Story; sie spielte jetzt in Italien, und der verletzte Spieler starb an der Schädelfraktur. Offiziell wird das als Unfall gemeldet, der Spieler war angeblich gegen eine Mauer gerannt. Die Sportlergruppe will sich den Architekten als eigene Beute aufheben; die Polizei soll nicht eingeschaltet werden. Der Architekt weiß, daß der Verletzte gestorben ist, und hat Angst, die Polizei einzuschalten. Ein Nachbar hat jedoch den

Steinwurf beobachtet; sanft und unbeirrt setzt er die Schraube an und erpreßt den Architekten, dem nichts anderes übrigbleibt als zu zahlen. Er heiratet, und auch seine junge Frau wird drangsaliert. Es fällt ihr auf, daß im Haushalt Geld fehlt, und der Architekt ist gezwungen, ihr die schreckliche Geschichte zu erzählen. Sie rät ihm, mit den Zahlungen an den Erpresser aufzuhören; der werde niemals zur Polizei gehen, meint sie. Beim nächstenmal weigert sich der Architekt zu zahlen, und der Erpresser entfernt sich in Richtung Polizeistation. Diese Szene wird von einigen der immer im Hintergrund lauernden Fußballspieler beobachtet, die genau erkennen, was da vor sich geht. Es ist ihre letzte Chance, selber zum Zuge zu kommen, bevor die Polizei auf dem Schauplatz erscheint. Sie umringen den Architekten, drängen ihn in eine kleine Gasse und bringen ihn um.

Diese Story bewog einen italienischen Filmregisseur beinahe, aber nicht ganz, zum Kauf. »Die Barbaren« erblickten das Licht der Druckerpresse erstmals in französischer Sprache, in einer Anthologie mit Kurzgeschichten mehrerer Autoren. Später wurde sie in einen Band meiner Gesammelten Geschichten mit dem Titel *Der Schneckenforscher* aufgenommen. Ich habe dies als Beispiel dafür erzählt, was man aus kleinen persönlichen Erlebnissen machen kann, wenn es emotionale Erlebnisse sind. Es macht Spaß, die Phantasie mit Dingen wie einem leise gehörten Lied und einer aufgebrochenen Wohnung spielen zu lassen und zu sehen, was dabei herauskommt.

Andere Erlebnisse sind stiller. Vor einigen Jahren starb meine Großmutter, die ich sehr liebte. Hauptsächlich mußte *sie* sich um meine Erziehung kümmern, bis ich sechs war, weil meine Mutter mit ihrer Arbeit beschäftigt war. Zwischen mir und meiner Großmutter gab es keine oder nur geringe Ähnlichkeit, obgleich ich natürlich einen Teil meiner Knochen und meines Blutes von ihr habe, und unsere Hände waren etwas ähnlich. Neulich nun warf ich zufällig einen Blick auf einen abgenutzten Schuh von mir, der die Form meines Fußes angenommen hatte, und da sah ich die Form oder den Ausdruck des Fußes meiner Großmutter, wie er mir von ihren Hausschuhen noch in Erinnerung war und von den schwarzen Pumps mit den flachen Absätzen, die sie immer trug, wenn sie ausging. Mir fiel die Zeit ein, als ich siebzehn war und meine Großmutter in Texas besuchte, zwischen High School und College, als wir einmal zusammen ins Kino gingen und *Ein Sommernachtstraum* sahen.

Meine Großmutter litt im Alter an grauem Star (sie starb erst, als ich vierunddreißig war), doch das hat sie nie daran gehindert, das Leben zu genießen oder sich lebhaft für Bücher, Theater und Filme zu interessieren, für Stickerei und Stepparbeiten, für den Garten und alles, was sie darin zog. Ich weiß noch, wie ich mich freute an dem Abend, als wir im Taxi quer durch die Stadt fuhren, um in einem großen, aber weit abgelegenen Filmpalast den *Sommernachtstraum* zu sehen, denn solche Kost war für die städtischen Kinos in Fort Worth nicht zugkräftig genug. Ich weiß noch, wie fest meine Großmutter meinen Arm nahm, als wir zu unseren Plätzen gingen, und wie sie mit den Füßen vorfühlte, obgleich ich sie stets warnte, wenn eine Stufe kam. Wir kamen immer gut durch, auch wenn sich meine Großmutter meist schon auf das konzentrierte, was auf der Leinwand lief, egal ob es die Wochenschau oder ein Trickfilm war. Ich dachte an dem Abend: »Mendelssohn war nicht älter als ich heute, als er die Ouvertüre schrieb. Was für ein Genie!« Und mein Herz war ganz erfüllt von guten Gedanken an jenem Abend. Als ich dann zwanzig Jahre später meinen alten Schuh sah, da vergoß ich die ersten echten Tränen um meine Großmutter. Zum erstenmal wurde mir klar, daß sie tot war, daß sie ein langes Leben gehabt hatte und nun nicht mehr da war. Und dabei wurde mir klar, daß auch ich einmal sterben würde.

Emotionen wie diese sind es, aus denen gute Kurzgeschichten entstehen; doch über diese habe ich nie eine geschrieben. Wenn ich je über meine Großmutter schreibe, muß es etwas sehr Gutes sein, sonst lieber gar nichts. Es ist viel leichter, etwas aus positiven, liebevollen Emotionen zu schaffen als aus negativen Haßgefühlen. Mit Eifersucht, obwohl sie ein starkes Gefühl ist, kann ich überhaupt nichts anfangen, sie ist ähnlich wie die Krebskrankheit, sie frißt sich ein und gibt selber gar nichts. Andererseits – wie viel hat Shakespeare in *Othello* daraus gemacht, oder vielmehr Giraldi Cinthio noch vor ihm, wenn es auch Shakespeare war, der den Plot mit Fleisch versehen hat, denn Cinthios Charaktere sind angeblich nur »schwach angedeutet«.

Die weitaus meisten Menschen sind zu derartigen emotionalen Erlebnissen fähig, sowohl großen wie kleinen. Der Schriftsteller ergreift auch das kleinste und macht etwas daraus, wenn er kann. Man könnte solche Erlebnisse als emotionale Rippenstöße der einen oder anderen Art bezeichnen, und sie sind weiß Gott nicht immer angenehm. Man hat sie von der Wiege bis zum Grab. Manche Menschen bauen sich ein Schneckenhaus, um sich vor derartigen Stößen zu schützen. Bei manchen kann man von Dekorum oder Schulung sprechen, oft verbunden mit der Fähigkeit, einer Beleidigung zuvorzukommen oder mitleidlos selber eine anzubringen; mit der Fähigkeit, ein Gefühl – wenn es sich nicht um ein echtes Gefühl handelt – zu verbergen, zu vernichten und zu vergessen. Mit einiger Übung können diese Menschen fast immun werden gegenüber jeglicher Emotion.

Natürlich kann man Emotionen fühlen, ohne sie zu zeigen, und vom kreativen Standpunkt aus verlieren sie vielleicht sogar ein wenig durch das Zeigen. Doch bei den Verbergern wird oft automatisch ein moralisches Urteil gefällt, und der Stoß geht sozusagen an ihnen vorbei. Kreative Menschen fällen keine moralischen Urteile – jedenfalls nicht sofort – über das, was sie auf den ersten Blick sehen. Dafür ist, wenn sie dazu neigen, später noch Zeit bei dem, was sie schaffen, denn Kunst an sich hat ja nichts mit Moral, Konvention oder Moralpredigen zu tun.

Eine weitere Art, sich zu schützen, ist die kennerische Blindheit oder Gleichgültigkeit, wie man sie etwa in Menschen findet, die auf Bauernhöfen oder in armen Gemeinden arbeiten, wo der Tod zum Alltag gehört. Ganz sicher macht es das Leben leichter, wenn man sich mit einem Tier, das man in sechs Monaten töten muß, in Gedanken nicht viel beschäftigt oder es liebgewinnt, und wenn man nicht weiter nachdenkt über den Schmerz von Hunger und Kälte und Tod, wenn einem das alles jede Stunde vor Augen steht.

Empfänglichkeit und Bewußtheit

Die meisten Menschen sind von diesen beiden Extremen des Selbstschutzes weit entfernt. Künstler aus Familien, die zu einer der beiden Arten gehören, brechen manchmal daraus aus. Robert Burns blieb immer Farmer, aber er war ein Farmer, den es, als er mit seinem Pflug ein Mäuseloch zerstörte, so tief erregte, daß er ein Gedicht darüber schrieb. Schriftsteller und Maler haben von Natur aus nur eine sehr dünne Schutzschicht und sind ihr Leben lang bemüht, auch das Wenige noch loszuwerden, denn Rippenstöße und Eindrücke sind das Rohmaterial, das sie für ihre Arbeit brauchen. Diese Empfänglichkeit, diese Bewußtheit des Lebens ist das Ideal für einen Künstler und ist ihm wichtiger als alle seine Aktivitäten und Einstellungen. Das ist der Grund, warum Schaffende soziologisch als klassenlos gelten. Da sie sich ähnlich sind und in diesem fundamentalen Bereich einander verstehen, sind sie meistens gesellig, egal aus welchem Milieu sie stammen.

Die Suspense-Kurzgeschichte

Die Suspense-Kurzgeschichte und die Krimi-Kurzgeschichte haben seit den Tagen Edgar Allan Poes viele Leser begeistert. Eine erschien sogar kürzlich in einer literarischen Vierteljahreszeitschrift, was beweist, daß – wenn die Story gute Unterhaltung bietet – sie jedem gefallen kann, dem Intellektuellen so gut wie dem Thriller- und Krimi-Fan. Für Schriftsteller mit reicher Phantasie ist das Schreiben von Suspense-Kurzgeschichten ein glänzender Weg, ihr Gebiet zu erweitern und das Einkommen zu erhöhen.

Verglichen mit dem Roman...

Um mit den Grundbegriffen anzufangen: was ist der Unterschied zwischen einer Suspense-Kurzgeschichte und einem Suspense-Roman? Der Roman umfaßt gewöhnlich – nicht immer – einen längeren Zeitraum, das bedingt schon die Natur des Ideenkeims. Im Roman kommt es häufig zu einer drastischen Veränderung bei Held oder Heldin, vielleicht auch bei mehreren Figuren: die Charaktere entwickeln, verändern, bessern sich oder erlahmen. Meist wechseln die Schauplätze häufiger. Die Handlung ist länger: als Sprungbrett zu einem Höhepunkt (manchmal sind es mehrere) dient nicht eine vorangegangene Szene oder eine einzige Szene. Es ist Zeit genug da für einen Stimmungs-, einen Tempowechsel. Es ist Spielraum vorhanden für mehr als einen Standpunkt. Alle diese Möglichkeiten des Suspense-Romans sind nicht unbedingt in jedem derartigen Roman gegeben: sie sollten überhaupt nur vorhanden sein, wenn sie zum Plot und zu dem, was man sagen will, passen und beitragen. Es sind keine notwendigen Bestandteile, sondern nur Charakteristika.

Die Suspense-Kurzgeschichte kann im Keim durchaus mit

einem ganz nichtigen Faktum, Ereignis oder auch nur einer Möglichkeit einsetzen – etwa entscheidenden Fingerabdrükken an einem Cocktailglas, die vom Regen auf der Terrasse abgewaschen werden. Die Kurzgeschichte braucht sich mit nur einer Szene zu begnügen und kann sich in fünf Minuten oder noch weniger abspielen. Sie mag auf einer emotionalen Situation oder einem Vorfall basieren: etwa auf der Verfolgung eines geheimnisvollen Tieres, das die ganze Gegend in Angst versetzt, aber nur ein Mann, der Held der Geschichte, hat den Mut, ihm nachzuspüren. Die Suspense-Kurzgeschichte kann (wie viele Krimis) auf einer ›Masche‹ aufgebaut sein, einem Kniff bei der Flucht (von irgendwo), auf einer Information, die im allgemeinen nur Ärzten, Juristen oder Astronauten bekannt ist und die den Laien erstaunt und amüsiert. Ein Bröckchen ungewöhnlicher Information, beim Stöbern in technischen Büchern aufgesammelt, kann oft zum Kern einer Story werden, die sich verkauft und dem Leser ein paar Minuten Unterhaltung liefert. Das ist natürlich das Gegenteil der emotionalen oder inspirativen Schaffensmethode, denn das Stückchen Information, das kuriose Faktum wird mit den Augen wahrgenommen und wird nicht unmittelbar mit den Charakteren in Verbindung gebracht, die es dann benutzen sollen. Solche Keime sind Möglichkeiten ohne Eigendynamik, und erst die handelnden Personen leihen ihnen Leben. Ich halte nicht sehr viel von dieser Schreibart (und wüßte auch nicht, wer viel davon hält), aber ab und zu habe ich sie angewandt, wenn mir ein amüsanter Einfall über den Weg lief.

Zum Beispiel die Fingerabdrücke, die der Regen vom Cocktailglas abwäscht. In einem längeren Roman könnte das irgendwo im Plot sehr wichtig werden, aber ich saß nun nicht an einem Roman, als mir der Gedanke kam. Ich betrachtete es nur als Möglichkeit für eine Kurzgeschichte, als ein Geschehen, das der beklommene nägelkauende Mörder nicht verhindern konnte, weil er die Terrasse nicht erreichen konnte.

Meine Story trug den Titel *You Can't Depend on Anybody* und erschien im ›Ellery Queen's Mystery Magazine‹. Ein Schauspieler mittleren Alters, eifersüchtig und verbraucht, will den Mord an seiner Geliebten (den er selber verübt hat) ihrem neuen Freund in die Schuhe schieben. Dessen Fingerabdrücke befinden sich an einem der Gläser auf der Terrasse ihres Hauses. In fieberhafter Unruhe wartet der Schauspieler darauf, daß der Hauswart, die Polizei, irgendein Bekannter oder sonst jemand erscheint, die Wohnungstür öffnet und die Leiche findet. Drei Tage vergehen, und es gelingt ihm nicht, den Hauswart so weit zu beunruhigen, daß er die Tür aufschließt. Dann kommt ein schwerer Regen, und mit ihm das Ende der Fingerabdrücke. Der Schauspieler wird gefaßt, denn er hat auf die Leiche sorgsam ein silbernes Armband gelegt, das seine Freundin fast immer trug und das sie, wie er meinte, natürlicher aussehen lassen werde. Auf dem Armband sind seine Fingerabdrücke. Das unterhaltsame Element der Story liegt in dem hektischen Bemühen des Schauspielers, die bekannte Aversion der New Yorker gegen das Eindringen in eine fremde Wohnung zu überwinden, auch wenn es drinnen noch so still ist. »Tagelang kann man tot daliegen, und keiner…« usw.

Eine bessere Geschichte, die ebenfalls mit einer überraschenden Grube für den Helden schließt, ist *Man in Hiding* von Vincent Starrett aus ›Ellery Queen's Mystery Magazine‹. Ein Arzt hat seine Frau umgebracht. Schon zwei Monate vor dem Mord hat er unter anderem Namen ein Büro gemietet, wo er ein Geschäft für seltene Bücher aufziehen will – um sich dort zu verbergen, bis er nach Paris zu seiner Freundin Gloria fahren kann. Der Arzt ist übernervös, obgleich alles recht glatt geht. Vor allem mißtraut er einer Privatdetektei in seinem Hause; er glaubt, die Leute beobachten ihn. Er hat ein Mädchen kennengelernt, das in seinem Häuserblock ein Antiquitätengeschäft führt. In ihrem Empfangsraum steht eine große spanische Truhe. Dem Arzt kommt der Gedanke, daß die Truhe ein gutes Versteck sein könnte, falls die Polizei tatsächlich in sein Geschäft eindrang. Starrett erhöht die Spannung noch dadurch, daß er den Arzt ein paarmal mit knapper Not entkommen läßt, als ihm ehemalige Patienten auf der Straße begegneten. Eines Tages erscheint dann die Polizei wirklich bei ihm; er hat gerade noch Zeit, in den Antiquitätenladen zu flüchten und – ungesehen – in die Truhe zu springen, die zuschnappt. Der Leser weiß, daß die Polizei nur gekommen ist, um Karten für ein Wohltätigkeitsfest zu verkaufen. Und ebenso weiß der Leser, daß die Inhaberin des Antiquitätengeschäfts zwar vorhat, die alte Truhe einmal zu öffnen, irgendwann wenn sie Zeit findet, aber das wird noch lange dauern. Hätte das ein unfähiger Autor geschrieben, so wäre vielleicht eine schwache Story daraus geworden. Vincent Starrett hat es ausgezeichnet gemacht, die Story ist gut und überzeugend und auch kurz, in etwa sechs Seiten geschrieben.

Eine recht gute Story mit einer ›Gimmick-Masche‹ erschien in der gleichen Nummer von ›Ellery Queen's Mystery Magazine‹: *Murder after Death* von Cornell Woolrich. Die ›Masche‹ besteht in der Tatsache, daß eine Injektion, die einem Toten verabfolgt wird, als Depot liegenbleibt, weil das Blut nicht mehr zirkuliert. Darum herum hat Woolrich ein aufwendiges, aber recht unterhaltsames und überzeugendes Gerüst aufgebaut. Ein Medizinstudent, aus der Fakultät relegiert, ist wutentbrannt, weil seine Freundin einen anderen geheiratet hat. Sie stirbt an einer Erkältung, die zur Lungenentzündung wurde; er will ihren Tod dem jungen Ehemann in die Schuhe schieben und sucht daher die Tote im Beerdigungsinstitut auf, wo er ihr Gift injiziert. Er bringt es auch fertig, eine Phiole mit dem gleichen Gift im Hotelzimmer des verzweifelten jungen Ehemannes zu deponieren. Dann verbreitet er durch einen anonymen Brief die Nachricht, das Mädchen sei ermordet worden. Dabei rechnet er fest mit einer Exhumierung der Toten, die die Schuld des Ehemannes beweisen soll, aber der junge Mann verübt Selbstmord und vereitelt auf diese Weise den Wunsch des anderen nach Rache. Eine pathologische Untersuchung ergibt, daß das Gift nach dem Tode injiziert wurde. Die Story erhält dadurch Gewicht, daß der junge Ehemann als starker und sympathischer Charakter dargestellt wird.

Kürzlich blätterte ich in einem Band mit Krimi-Kurzgeschichten und war erstaunt und auch etwas deprimiert, als ich merkte, wie wenige mir im Gedächtnis geblieben waren, seit ich sie vor einem Jahr zum erstenmal gelesen hatte. Am besten erinnerte ich mich an *The Cattywampus* von Borden Deal; es ging da um einen Jäger, dessen Jagdrevier von einem seltsamen Tier in Schrecken versetzt wird. Er stellt sich der Herausforderung und zieht mit seinem Gewehr los. Zu seinem Erstaunen findet er einen mächtigen alten Bären mit vielen Narben von Kämpfen und Waldbränden, ohne Krallen und nicht einmal imstande, noch Fische zum Fressen zu fangen. Aus Mitleid erschießt er ihn. Die Geschichte ist durchweg ernst und bewegend, doch vor allem der Schluß verleiht der Story ihren Wert und macht sie bemerkenswert:

> »... Ich würde nun zurückgehen ins Tal, um ihnen die Furcht zu nehmen, berichten, daß ich das seltsame Tier getötet habe. Aber ich würde ihnen auch sagen, der Fluß habe den Körper aufgenommen und ich hätte das Tier nicht identifizieren können. Denn ich wußte nun, daß der Mensch seine Fabelwesen, seine Mythen und Legenden und alten Sagen braucht, um seine Ängste außerhalb von sich selbst zu objektivieren und sie mit der Kühnheit und Zuversicht des Menschen bekämpfen zu können.
> Denn der Mensch ist von allen das seltsamste Tier.«

Das von mir zitierte Stück könnte man einen Kommentar des Autors nennen. Für die Handlung ist er nicht notwendig, doch er ist ein Gedanke, und er verleiht der Geschichte eine Würde und Bedeutung, die sie sonst nicht hätte. Es ist ein Gedanke, wie ihn ein Dichter haben könnte, wenn er über diese Geschichte ein Gedicht schriebe, und doch ist nichts »Dichterisches« an dem Gedanken – er ist einfach intelligent. Für mich ist er der Punkt, der die Geschichte aus sechzehn anderen heraushob, die nur unterhaltsam waren.

Über die Jahre hat sich ›Ellery Queen's Mystery Magazine‹ für mich als anhaltend guter Markt erwiesen. Die Geschichten sind nicht nur Krimis und Thriller, oft sind es einfach Stories, gute Stories. Die fortwährende Existenz des Magazins ist ein Lichtblick in einer Zeit, da so viele qualitativ hochstehende Zeitschriften eingegangen oder am Eingehen sind.

Der »schnelle« Roman

Der Suspense-Kurzroman steht – hinsichtlich der Merkmale beider, die ich erwähnt habe – zwischen der Kurzgeschichte und dem Roman. Er hat Spielraum – so viel Spielraum, daß man ihn als »schnellen« Roman oder auch als Zeitraffer-Roman bezeichnen könnte. Was ich meine, ist ein Roman von achtzig Seiten oder zwanzigtausend Wörtern. Manche Magazine nennen zwölftausend Wörter einen Kurzroman, doch ist die Anzahl Wörter für diese Kategorie noch niemals festgelegt worden. Wenn man einen Magazinmarkt als Ziel im Auge hat, muß man vorher die genaue erforderliche Länge feststellen. Es ist ein sehr einträglicher Markt, wenn man den Bogen raus hat. Der einmalige Abdruck eines Suspense-Kurzromans von achtzig Seiten bringt oft mehr ein als der Vorschuß für einen ausgewachsenen Suspense-Roman. Der Kurzroman erfordert allerdings nach meiner Ansicht mindestens ebensoviel Gedankenarbeit wie ein normal langer Roman. Der Kurzroman enthält vielleicht nicht die gleiche Menge an Text, kann aber durchaus ebenso viele Figuren-, Szenen- und Standpunktwechsel enthalten. Die Handlung muß schneller fließen als die des Romans, es ist also die gleiche Menge an Action vorhanden, nur ist sie kürzer erzählt.

Ich wurde einmal aufgefordert, für ›Cosmopolitan‹ einen Achtzig-Seiten-Originalbeitrag zu schreiben. Noch nie hatte ich so etwas, sozusagen eine Auftragsarbeit, geschrieben, aber zumindest wollte ich es versuchen. Ich setzte mich also mit Papier und Bleistift hin und zerbrach mir den Kopf nach einer Idee. Heraus kamen dann zwei Ideen:

1. Ein Ehepaar macht Urlaub in Mexiko. Die Frau möchte ihren langweiligen Mann loswerden; als er am Rande eines Abgrunds steht, um eine Aufnahme von ihr zu machen, fordert sie ihn auf, »noch einen Schritt zurückzutreten«. Sie muß ihm schließlich noch einen leichten Stoß geben. Im gleichen Moment klickt die Kamera und stürzt mit dem Ehemann in die Schlucht, die so tief ist, daß nur die »behördlichen Organe« den Boden erreichen können. Die Kamera hat die Tat festgehalten. Meine Inhaltsangabe der Geschichte war viel komplizierter und nicht ganz so schlecht, wie es sich hier anhört. Abgelehnt wurde sie trotzdem.

2. Ein jungverheiratetes Ehepaar – reiche Frau – verbringt die Flitterwochen in einem Häuschen auf dem Lande, das der Familie des Mädchens gehört. Der Mann hat heimlich eine Freundin; er plant, seine Frau um ihres Geldes willen zu töten und die Freundin zu heiraten. Die junge Frau, ein nervöser Typ, meint, es fehlen Lebensmittel in der Küche, und glaubt im Keller Geräusche zu hören. Der Ehemann inspiziert den Keller und findet dort einen Mann, der von der Polizei gesucht wird. Sofort erkennt er, daß er den Mann für seine Zwecke benutzen kann; er verspricht, ihn nicht zu verraten und ihm zu essen zu bringen. Zu seiner Frau sagt er, es gäbe nichts im Keller, sie habe sich die Geräusche eingebildet. So geht es mehrere Tage lang. Ehemann und Flüchtling schmieden einen Plan: der Flüchtling soll vortäuschen, in das Haus einzubrechen, und der Ehemann, der so tun will, als sei er bewußtlos geschlagen, will ihn entkommen lassen, und zwar in seinem – des Ehemanns – Wagen. In Wirklichkeit will der Mann seine Frau umbringen und die Schuld dem entkomme-

nen Flüchtling anlasten. Die junge Frau entdeckt den Mann im Keller und erfährt, was ihr Mann vorhat. Sie dreht den Spieß jetzt um und vereinbart mit dem Flüchtling einen Plan gegen ihren Mann.

Auch dieser Handlungsabriß wurde beim ›Cosmopolitan‹ kühl aufgenommen und nie zu einem Kurzroman verarbeitet, er wurde jedoch vom amerikanischen Fernsehen erworben und auch gesendet. Später, in England, sah die BBC das alte Skript, fand Gefallen daran und kaufte es, aber ich mußte es völlig umschreiben, um es moderner und subtiler zu gestalten. Die Moral von dieser Geschichte heißt: Niemals eine Story mit einer guten Handlung wegwerfen, auch nicht einen Abriß. Die Story wird zur Suspense Story, sobald der Leser erfährt, daß die Eheleute allein im Hause sind und daß der Ehemann seine Frau umbringen will. Aber erst die überraschende Entdeckung eines Verbrechers, der im Keller lauert, eines gewalttätigen Mannes, den der Ehemann entschlossen ist zu schützen: das macht die Geschichte erst zu dem, was sie ist und verleiht ihr ein beträchtliches Mehr an Spannung. Ohne das wäre nichts weiter daraus geworden als eine Geschichte von potentieller Gewalt, wie es tausend andere gibt.

Romanschriftsteller – oder jedenfalls die meisten – haben eine Menge Einfälle, kurze und unbedeutende, die nicht zu Büchern anwachsen können oder sollten. Sie lassen sich vielleicht zu guten oder hervorragend guten Kurzgeschichten verarbeiten. Manchmal gehören sie zum phantastischen Genre, bei denen Zeitmaschinen, das Übernatürliche eine Rolle spielen. Der Autor könnte vermutlich weder sich noch den Leser mit zweihundertvierzig Seiten solcher Phantasien unterhalten, aber zehn Seiten läßt sich jeder gern gefallen. Ich habe von Schriftstellern gehört, die Kurzgeschichten-Ideen wegwerfen und sich nicht mal Notizen machen. Ich glaube, Suspense-Autoren sind in dieser Hinsicht etwas weniger stur, sie sind auch in der Phantasie wohl flexibler als andere Romanschriftsteller.

Es lohnt sich unbedingt, solche flüchtigen Ideen immer aufzuschreiben. Es ist erstaunlich, wie oft ein einziger Satz, im Notizbuch festgehalten, sofort zu einem weiteren Satz führt. Schon beim Notieren kann sich ein Plot entwickeln. Man klappt das Notizbuch zu, die Sache wird ein paar Tage überdacht – und auf einmal ist man soweit: die Kurzgeschichte kann beginnen.

Entwicklung

Mit Entwicklung meine ich den Prozeß, der stattfinden muß zwischen dem Keimen einer Story und dem detaillierten Planen. Das ist eine lange Zeit. Bei mir kann es von sechs Wochen bis zu drei Jahren dauern, nicht drei Jahre ununterbrochener Arbeit, aber drei Jahre langsamen Brütens, während ich an anderen Sachen arbeite.

Der Einfall muß mit Figuren, mit Milieu, mit Atmosphäre ausgestattet werden. Man muß wissen, wie die Figuren aussehen, wie sie reden und sich kleiden, und man sollte auch über ihre Kindheit Bescheid wissen, auch wenn die Kindheiten gar nicht immer im Buch beschrieben werden müssen. Es kommt eben darauf an, daß man, bevor man das erste Wort niederschreibt, eine Weile mit den Personen in ihrem Milieu zusammenlebt. Das Milieu und die Menschen muß man so deutlich vor sich sehen wie eine Fotografie, ohne verschwommene Stellen. Neben dieser schwierigen Aufgabe muß man die Themen oder Handlungsabläufe überlegen, hin- und herschieben und so koordinieren, daß möglichst viel herauskommt. Während ich dies hier schreibe, fällt mir das vage alte Alchimistenrezept ein: »Zehnmal rechts herum, fünfmal links herum rühren, doch nur wenn der Mond im Frühling seine Höhe erreicht hat, und nur, wenn eine schmale dunkle Wolke gleich dem Schwanz einer Katze von rechts nach links über die Mondscheibe zieht.« Was ist die Höhe des Mondes? In welchem Frühlingsmonat? Was heißt ›Verbesserung eines Plots‹?

Die Verbesserung oder Verdichtung des Plots besteht in der Anhäufung von Komplikationen für den Helden und vielleicht auch für seine Gegner. Die Komplikationen sind am wirksamsten, wenn sie als überraschende Ereignisse auftreten. Kann der Autor den Plot verdichten und den Leser überraschen, so ist der Plot in logischer Hinsicht verbessert. Aber ein gutes Buch kann man nicht immer durch reine Logik schaffen. Ausgezeichnete Plots sind manchmal sehr einfach; zum Beispiel eine direkte Flucht mit Verfolgung, oder ein Plot, bei dem es sich nur um die Geschichte einer Frau dreht, die ihren Mann zwar töten will, der aber zum letzten Schritt die Kraft fehlt: eine Story der Unentschlossenheit. Dieses Skelett aus Unentschlossenheit ist die Einfachheit selber. Es passiert buchstäblich nichts, und doch *könnte* man im Laufe der Geschichte Komplikation auf Komplikation häufen, etwa unerwartete Besucher, die die Mörderin von der Tat abhalten, oder den Brief eines Verwandten, der die Furcht vor dem Jüngsten Gericht in ihr weckt, wenn sie die Tat ausführt. Hier ist Raum für Komödie und Tragödie, wie in beinahe jedem Plot.

Zu der Frage, ob man sich bei der Entwicklung einer Idee auf die Personen oder lieber auf den Plot konzentrieren soll, kann und möchte ich keine Ratschläge erteilen. Ich habe mich immer auf eins von beiden oder auch auf beide konzentriert. Meistens fällt mir ein Stück Handlung ein, noch ganz ohne Personen, und das wird dann der Angelpunkt oder der Höhepunkt, zuweilen auch der Anfang meiner Story. Natürlich wird manchmal eine Person voller Schrullen den Plot durch eben diese Schrullen in Gang setzen. In anderen Situationen liegt es ebenso auf der Hand, daß eine ungewöhnliche Situation zu einer weiteren ungewöhnlichen Situation führen muß – das heißt also ein Fortschritt in der Handlung, und dann sind die Charaktere nicht so wichtig für den Verlauf des Plots.

Ich sehe nicht ein, warum – ob nun Plot oder Person beim Aufbau der Story die Führung übernimmt – das eine besser oder schlechter sein soll als das andere.

Manchmal benutze ich eine Figur »aus dem wirklichen Leben« insofern, als ich die physische Erscheinung von jemandem nehme, der mir begegnet ist. Niemals habe ich beides zusammen benutzt, die physische Erscheinung *und* die Persönlichkeit von irgend jemand, den ich kannte, aber häufig habe ich das Äußere genommen und eine andere Persönlichkeit. Das hat zwei Gründe: erstens wäre es mir sehr peinlich, sowohl Erscheinung wie Persönlichkeit zu verwenden und damit ein buchstabengetreues Porträt eines Menschen zu schaffen, und zweitens begegnen mir viele Leute, deren Gesichter man sich schnell merkt, deren Charaktere jedoch im tieferen Sinne unbekannt bleiben. Und natürlich passiert es nicht oft, daß man den inneren Charakter, den man für ein Buch braucht, im wirklichen Leben fix und fertig antrifft.

Ich stelle mir vor, daß die meisten Suspense-Autoren mit einem Ideenkeim beginnen, der ein Stück Action darstellt, und das gehört dann gewöhnlich zu einem Milieu: die Geschäftswelt in New York, ein Schiff auf See, eine Kleinstadt in Amerika, ein Holzfäller-Camp, der Sitz eines staatlichen Agentenrings. Das Milieu bestimmt weitgehend die Art der Figuren, die man benutzen will. Doch es könnte vielleicht die Story verbessern, wenn man eine Person wählt, die für dieses Milieu durchaus nicht typisch ist, also keineswegs jemand, den man in einer solchen Umgebung zu finden erwartet. Allerdings gibt es Grenzen für solche Unvereinbarkeiten, aber wenn das Resultat gelingt, dann ist es interessanter als der Normalfall.

Betrachten wir einmal die Entwicklung in *Der Geschichtenerzähler,* angefangen mit den beiden noch ganz unklaren Ideenkeimen, Leiche-im-Teppich und Schriftstellerheld-der-Plots-mit-Wirklichkeit-durcheinanderbringt. Als ich einmal beschlossen hatte, die beiden Ideen zu kombinieren, nahm die innere Reifung des Buches nur fünf oder sechs Wochen in Anspruch, und für das Schreiben brauchte ich nur vier Monate – für mich ein Rekord. Ich wohnte damals in Suffolk/England, deshalb wollte ich diese neue Umgebung und Atmosphäre als Schauplatz für mein Buch benutzen. Die Beschreibung von Engländern fällt mir nicht ganz so leicht wie die von Amerikanern, also machte ich aus meinem Helden einen jungen Amerikaner, der mit einer Engländerin verheiratet ist und auf dem Lande lebt, so wie ich. Und weil mir daran lag, auf amüsante Weise die alltäglich-banale Variante der Schizophrenie des Amerikaners zu schildern, machte ich aus ihm einen Romanschriftsteller, der sich gerade bemüht, etwas fürs Fernsehen zu schreiben; deshalb ist sein Kopf angefüllt mit Episoden für eine Fernsehserie mit dem Titel ›Der Schatten‹, die er verfaßt hat und an den Mann bringen will.

Entscheidende Fragen

Schon früh in der Entwicklungsphase muß sich der Schreibende diese entscheidenden Fragen stellen: »Soll der Held am Schluß als Sieger oder Besiegter dastehen?« Ferner: »Welche Atmosphäre soll vorherrschen – Komödie, Tragödie oder eine Mischung von beidem? Oder ist es eine Art glatter Berichterstattung von Ereignissen und Schicksalsschlägen, aus denen der Leser machen kann, was er will?« Auch die Prosa muß, genau wie eine konkret stattfindende Szene, Atmosphäre haben. Sydney, mein Romanheld, sollte am Ende nicht gerade als Sieger, aber gewiß nicht als Opfer oder Besiegter dastehen. Der Ton sollte leicht sein. Sydney sollte nicht gefaßt oder bestraft werden; ich dachte sogar, es könnte interessant sein, wenn er gar kein Verbrechen beging und nur in Verdacht geriet, eins oder zwei begangen zu haben. Das Buch fiel dann nicht ganz so aus. Sydney begeht am Ende doch einen merkwürdigen Mord, den er als zeitweilig »aufgeschobenen Gnadenakt« betrachtet. Er tötet den Liebhaber seiner Frau, indem er ihn zwingt, eine Überdosis Schlaftabletten zu nehmen. Sydney gerät dann in Verdacht, aber nicht ernsthaft, denn nichts ist ihm nachzuweisen.

Kurzgefaßt sieht der Plot so aus: Alicia, Sydneys Frau, fährt zum zweitenmal auf ein paar Tage nach Brighton, weil sie einen »Szenenwechsel« wünscht, und am Morgen nach ihrer Abreise führt Sydney eine langgehegte Idee aus. Er tut so, als habe er Alicia am Tage zuvor die Treppe hinuntergestoßen; im Morgengrauen schleppt er durch die Hintertür einen zusammengerollten Teppich hinaus, trägt ihn in seinen Wagen und vergräbt den Teppich im Wald. Er stellt sich vor, er könne seine eingebildeten Gefühle vielleicht irgendwann für einen Roman verwenden. Natürlich rechnet er damit, daß seine Frau in ein paar Tagen zurückkommt; das tut sie jedoch nicht, weil sie in Brighton eine Affäre mit einem Londoner Anwalt angefangen hat. Der Leser weiß das, doch Sydney weiß es nicht. Eine reizende alte Dame, die zweihundert Meter weiter wohnt, Mrs. Lilybanks, hat Sydney beim Herausschleppen des Teppichs beobachtet und meldet es schließlich der Polizei. Es gelingt der Polizei nicht, Alicia zu finden, denn sie lebt in Brighton unter einem anderen Namen und hat außerdem ihr Haar gefärbt. Sydney wird jetzt polizeilich beobachtet. Da er annimmt, seine Frau sei wohlauf, wo immer sie ist, hat Sydney nichts einzuwenden gegen das polizeiliche Verhör – im Gegenteil, es macht ihm Spaß, weil er sich ausmalt, was er fühlen würde, wenn er Alicia tatsächlich umgebracht hätte. Er bringt es fertig, bei den polizeilichen Vernehmungen in echtes Zittern und Schwitzen zu geraten; nachher macht er sich dann darüber Notizen für späteren Gebrauch. Endlich stellt er – nachdem er nach Brighton gefahren ist und die Gegend abgesucht hat – fest, daß seine Frau am Leben ist und in einem Cottage mit einem Mann zusammen wohnt. Das bringt ihn ganz durcheinander, und er nimmt richtig an, daß auch seine Frau durcheinander war, denn Alicia ist im Grunde ein konventioneller Mensch. Sie bringt es nicht fertig, sich bei der Polizei zu melden und ihren Eltern oder Sydney vor die Augen zu treten. Sie verübt Selbstmord, indem sie sich bei Brighton eine Felswand hinunterstürzt. Der Freund retiriert schleunigst nach London in seine Wohnung, wo ihn Sydney aufsucht und ihm die tödliche Dosis Schlaftabletten verabfolgt.

Ich habe hier den Plot umrissen, um zu zeigen, daß ohne die Verdichtung oder die Eskalation nicht sehr viel dran wäre. Es gab vier verdichtende Faktoren:

1. Mrs. Lilybanks, die Nachbarin, beobachtet gern Vögel und hat in einem Gebrauchtwarenladen ein Fernglas gekauft. Sydney entdeckt, daß sie ein Fernglas besitzt, und nimmt ganz richtig an, daß sie ihn wohl an dem Morgen gesehen hat, als er den zusammengerollten Teppich hinaustrug und damit wegfuhr. Sydneys »Reaktion« auf das Fernglas bestärkt Mrs. Lilybanks in ihrem Verdacht.

2. Mrs. Lilybanks ist herzleidend. Sie ist eine nette alte Dame und hat lange gezögert, bevor sie die Polizei davon unterrichtete, daß ihr Nachbar im Morgengrauen, nachdem tags zuvor seine Frau angeblich nach Brighton gefahren war, einen Teppich aus dem Hause schleppte. Fast vierundzwanzig Stunden lang graben die Polizeibeamten in den Wäldern, denn Sydney weiß die genaue Stelle nicht mehr, wo er den Teppich vergraben hat. Er versucht den Männern zu helfen, und schließlich kommt die Nachricht, daß die Polizisten den Teppich gefunden haben – mit nichts darin. Sydney geht hinüber zu Mrs. Lilybanks, um ihr diese beruhigende Information zu bringen. Aber Mrs. Lilybanks glaubt, Sydney habe einen Groll auf sie und wolle es ihr heimzahlen; als sie ihn ins Haus kommen hört, erleidet sie einen tödlichen Herzanfall. Jetzt steht Sydney unter einem neuen Verdacht: man nimmt an, daß er Mrs. Lilybanks bedroht oder sich doch irgendwie feindlich gegen sie gestellt habe, um sie dafür zu bestrafen, daß sie der Polizei Meldung von dem Teppich gemacht hat.

3. Sydney hat beim Schreiben einen inoffiziellen Partner

namens Alex, der verheiratet ist und in London lebt. Als das Fernsehen die Serie ›Der Schatten‹ gekauft hat, möchte Alex Sydney gern aus dem Vertrag herausdrängen, um das Honorar ungeteilt für sich zu behalten. Er hofft, daß ihm das gelingt auf Grund des Verdachtes, der über Sydney schwebt. Bei der Polizei stellt Alex seinen Ex-Freund in ein ganz schlechtes Licht. Und dann wird auch noch der Vertrag für ein Buch von Sydneys Verleger zurückgestellt, »bis das mysteriöse Verschwinden Ihrer Frau aufgeklärt ist«.

4. Beim Kauf einer Zeitung in seinem Dorf verliert Sydney eines Tages sein kleines Notizbuch. Der Ladeninhaber händigt es der Polizei aus. In dem Notizbuch hat Sydney seine Gedanken darüber festgehalten, wie einem als Mörder zumute ist, und was er da vom »Mord« an seiner Frau geschrieben hat, liest sich wie eine Tagebucheintragung. – Auf diese Weise habe ich den Druck auf Sydney verstärkt.

Ein Gefühl von Leben

Als ich dieses Buch zu schreiben begann, war ich mit dem Plot erst bis zu der Stelle gediehen, da Mrs. Lilybanks noch unschlüssig ist, ob sie etwas darüber sagen soll, daß sie Sydney den Teppich aus dem Hause tragen sah. Das war ungefähr auf Seite einhundertzwanzig. Ich gerate oft an einen Punkt, über den hinaus ich nicht weiter denken, nichts weiter umreißen kann. Ich werde dann ungeduldig und will etwas Geschriebenes sehen, und so fange ich an und verlasse mich auf mein Glück oder auf den Schwung der Story, die mich weitertragen soll. Das mag sich so anhören, als sei ich sehr vage, doch worauf ich warte, ist ein Gefühl von Leben, von Aktivität, von etwas Dynamik in den Figuren und dem Milieu im ersten Teil des Buches – Action, die ich deutlich sehe und fühle. Das ist keineswegs ein vages Gefühl. Es gibt nicht den geringsten Zweifel, wenn es da ist, und ebenso keinen, wenn es nicht da ist. Ich beginne nicht etwa mit Schreiben in der Hoffnung, daß es kommen werde. Es muß da sein, und dadurch, daß sich in ihm Leben regt, wird es mich zum Schreiben anregen.

Ein Plot sollte ja auch kein starres Gebilde im Kopf des Schriftstellers sein, wenn er zu schreiben beginnt. Ich gehe sogar noch einen Schritt weiter: meiner Ansicht nach sollte ein Plot nicht mal vollständig sein. Ich will selber Spaß daran haben, und ich mag selber gern Überraschungen. Wenn ich schon alles weiß, was da vor sich gehen wird, macht mir das Schreiben nicht mehr so viel Spaß. Aber noch wichtiger ist eine Tatsache: ein flexibler Handlungsablauf führt dazu, daß die Personen beweglich sind, daß sie wie lebendige Menschen Entscheidungen treffen, daß sie die Möglichkeit haben, mit sich selber zu Rate zu gehen, eine Wahl zu treffen, sich umzubesinnen und eine neue Wahl zu treffen, wie es Menschen in Wirklichkeit tun. Starre Plots, selbst wenn sie perfekt sind, können im Resultat zu einem Automaten-Ensemble führen.

Nachdem ich also etwa auf Seite einhundertzwanzig – bei Mrs. Lilybanks' Zeit der Unschlüssigkeit – angekommen war, lief die Story glatt weiter bis Seite zweihundertdreißig, wo nun *ich* von Unschlüssigkeit gepackt wurde. Sollte Sydney tatsächlich einen Mord begehen oder auch hier wieder nur so tun als ob? Was für ein Mensch war Sydney überhaupt? Kein Zweifel, im Lauf des Buches entwickelte er sich, sowohl in meinen Augen wie in seinen eigenen. In dem kleinen Notizbuch war er zu dem Schluß gekommen, daß er sich die Gefühle eines Mörders doch nicht ganz vorstellen konnte. Ihm steht da ein Schuldgefühl im Wege, ein Gefühl der Scham, des Abgeschnittenseins von der Menschheit. Kurz gesagt: Sydney ist kein Mörder, und er weiß auch, es ist ihm (als einem phantasiereichen Schriftsteller) nicht gelungen, sich in die Gedankenwelt eines Mörders zu versetzen. Immerhin aber hat ihn der Versuch, sich das vorzustellen, der wirklichen Sache, dem Akt selber nähergebracht. Mit den Schlaftabletten verübt Sydney den seltsam langsamen Mord an einem Mann, den er verabscheut und von dem er glaubt, er habe seine Frau in den Tod getrieben. Das ist ein Verbrechen, und es ist der Ansatz eines vielleicht ernsthafteren Dilemmas in Sydneys Gedankenwelt zwischen seinen Plots und der Wirklichkeit.

Man könnte die verdichtenden Faktoren eines Plots auch als Polster des Plots bezeichnen. Man sollte sich die logischsten Faktoren ausdenken (da sie erdacht werden, sind sie an sich schon eher etwas unlogisch, was ein Vorteil ist), nämlich solche, die die Story stärker und glaubwürdiger machen. Manchmal könnte man zwanzig oder dreißig solcher Polster erfinden, aber das würde den Leser nicht überzeugen, sondern höchstens zum Lachen bringen.

Sympathische Verbrecher

Es gibt vielerlei Arten von Thrillern – zum Beispiel Spionagegeschichten –, bei denen es sich nicht um Psychopathen oder neurotische Helden dreht wie in meinen Büchern. Schriftsteller, die gern Bücher wie meine schreiben möchten, sehen sich da mit einem zusätzlichen Problem konfrontiert: wie macht man den Helden sympathisch oder wenigstens einigermaßen sympathisch. Das ist oft verdammt schwierig. Ich selber finde zwar alle meine Verbrecherhelden ziemlich sympathisch, oder jedenfalls nicht abstoßend, aber es ist mir bei einigen Lesern nicht gelungen, sie zu der gleichen Ansicht zu bewegen, nach den Bemerkungen zu urteilen, die sie über meine Helden machten. »Ich fand Ripley *(Der talentierte Mr. Ripley)* ganz interessant, aber ich habe ihn gehaßt. Puh!« – »Ich haßte Walter *(Der Stümper)*, er ist so schwach und voller Selbstmitleid.« Hingegen war *Der Geschichtenerzähler* offenbar bei vielen Lesern ganz beliebt, aber Sydney ist ja auch kein Psychopath und im Grunde auch kaum ein Mörder. Ich kann also nur dazu raten, einen Mörder-Helden mit möglichst vielen angenehmen Eigenschaften zu versehen: Großmut, Freundlichkeit zu gewissen Mitmenschen, eine Vorliebe für Malerei oder

Musik oder Kochen. Diese Eigenschaften können ganz amüsant wirken als Kontrast zu seinen verbrecherischen oder mörderischen Wesenszügen.

Andererseits halte ich es auch für möglich, einen psychopathischen Helden hundertprozentig übel und abstoßend darzustellen und ihn doch, gerade wegen seiner Bosheit und umfassenden Verworfenheit, auf andere faszinierend wirken zu lassen. Beinahe habe ich das in *Zwei Fremde im Zug* mit Bruno getan, denn selbst Brunos Großmut ist weder richtig angebracht noch von Dauer, und sonst ist zu seinen Gunsten überhaupt nichts zu sagen. Aber in dieser Geschichte wird Brunos Bösartigkeit ausgeglichen von Guys »Gutartigkeit«, und dadurch wurde das Problem, einen sympathischen Helden zu liefern, erheblich vereinfacht, denn nun war Guy der sympathische Held. Es hängt von der Geschicklichkeit des Autors ab, ob er sich solche Scherze mit dem Bösen in seinem psychopathischen Helden leisten kann. Wenn ja, dann ist das Buch unterhaltsam, und dann gibt es auch keinen Grund, warum der Leser den Helden »mögen« sollte. Wenn der Leser sich schon »identifizieren« können muß (ein Terminus, den ich schon nicht mehr hören kann), dann sollte man dem Leser einen oder zwei weniger wichtige Personen liefern (am besten eine, die nicht von dem psychopathischen Helden umgebracht wird), damit er sich mit einer von ihnen identifizieren kann.

Suche und Entwicklung

Die Entwicklung einer Idee ist ebenso kreativ wie das erste Finden oder Empfangen. Ein Schriftsteller kann seinen Denkapparat für die Entwicklung des Keims einsetzen, doch in erster Linie ist das Gehirn bei einem solchen Prozeß (wegen möglicher Unlogik) mit Eliminieren beschäftigt, und nicht so sehr mit Erfinden oder Mitnehmen. Hat der Schreiber irgendein Gimmick, eine ›Masche‹ im Auge, einen

Ideenkeim oder eine kurze Handlungsfolge, dann kann er sich funf oder sechs Situationen ausdenken, die dahin führen oder darauf folgen (die Entwicklung einer Idee ist ein Vor-und-Zurück-Prozeß, wie Weben); davon wird er vielleicht drei Situationen gleich ausschalten, weil sie unlogisch oder einfach nicht so gut sind wie die anderen drei. Möglicherweise steht er jetzt vor der deprimierenden Tatsache, daß die restlichen drei Situationen nicht zum Leben erwachen wollen, nichts bewirken: sie stehen still. Er wirft den Bleistift hin und erhebt sich vom Schreibtisch mit dem Gefühl, heute nicht viel geschafft zu haben und daß die Idee überhaupt tot sei. Später, wenn er gar nicht mehr an die Geschichte denkt, erwacht plötzlich eine der reglosen Ideen zum Leben, bewegt sich, wächst – und auf einmal hat er ein ganzes Stück guter Erzählung im Kopf vor sich. Archimedes saß in der Badewanne, als er »Heureka!« rief, und nicht etwa am Schreibtisch oder sonstwo. Aber solche lichtvollen Augenblicke stellen sich nur ein, wenn man vorher lange über dem Problem gebrütet hat.

Diese Prozedur bedeutet zwar harte Arbeit, weil sie zunächst so fruchtlos erscheint, aber sie bereitet den Boden für die Phantasie, die dann das Übrige tut. In meinen Notizbüchern finden sich viele Seiten – zwanzig oder mehr für jedes Buch, das ich geschrieben habe –, die im Grunde nichts sind als sprunghafte oder kuriose Anläufe rund um den Keim oder die Haupthandlung oder Situation, den einzigen unveränderlichen Faktor im Prozeß der Entwicklung. Meistens haben diese Umwege gar keine Ähnlichkeit mit dem fertigen Buch; sie sind aber notwendig für die besseren Einfälle, die erst später kommen und die ich normalerweise nicht erst notiere, weil sie offensichtlich richtig und unvergeßbar sind.

Die begabte irische Romanautorin Edna O'Brien hat einmal in einem Interview gesagt: »Schriftsteller arbeiten immer, sie hören niemals auf.« Das liegt in der Natur der schriftstellerischen Arbeit, jedenfalls des Romaneschreibens. Schriftsteller sind entweder dabei, eine Idee zu entwickeln, oder sie sind

– vielleicht unbewußt – auf der Suche nach dem Keim einer Idee.

Ich erschaffe vieles, weil mich die Wirklichkeit langweilt: das Gleichbleiben von Routine und Gegenständen in meiner Umgebung. Deshalb habe ich auch gar nichts einzuwenden gegen diese Langeweile, die mich von Zeit zu Zeit überfällt – ja ich versuche sogar, sie durch Routine zu erzeugen. Ich »muß« nicht arbeiten in dem Sinne, daß ich mich dazu zwingen oder mich fragen muß, was ich tun soll, denn die Arbeit kommt zu mir. Einen Tisch herstellen, eine gute Zeichnung, manchmal ein Bild – das alles macht mir ebensoviel Freude wie ein Buch schreiben oder eine Kurzgeschichte. Diese Langeweile ist für mich ein Segen; ich nehme sie kaum wahr, bis mir die Idee für eine Geschichte oder ein Buch einfällt. Dann merke ich, wieviel interessanter die Welt für mich sein wird, die ich betrete, wenn ich an dieser Idee zu arbeiten beginne. Den ersten Schritt in diese Welt tue ich schon, sobald ich anfange, über die Entwicklung der Idee nachzudenken. Vielleicht geht es den meisten Schriftstellern ebenso.

Die Entwicklung einer Idee ist häufig alles andere als logisch; es ist auch so viel Spielerisches damit verbunden, daß ich den Prozeß gar nicht als ernsthafte Tätigkeit betrachten kann, obgleich es dabei manch harte Nuß zu knacken gibt. Trotzdem ist es Teil eines Spiels. Romanschreiben ist ein Spiel, und es muß einem Spaß machen, vom ersten bis zum letzten Buchstaben. Spaß macht es mir nur dann nicht, wenn ich unter Druck arbeite, um einen zwingenden Termin einzuhalten. Das kommt beim Bücherschreiben selten vor, um so häufiger jedoch bei Fernsehaufträgen, wenn man Kurzfassungen der eigenen Bücher abzuliefern hat oder ein Buch für eine Fortsetzungsreihe zurechtschneidern muß.

Die Zahl der täglichen kleinen Schwierigkeiten ist Legion. Welcher Schreibende kennt sie nicht – Zahnschmerzen, überfällige Rechnungen, ein krankes Kind nebenan oder im gleichen Raum, Verwandtenbesuch, das Ende einer Liebesbeziehung, endlose Behördenformulare, die man ausfüllen soll. Bei mir gibt es kaum einen Morgen, an dem die Post nicht etwas bringt, das man als psychischen Störfaktor bezeichnen könnte. Ich bin nie wegen Verleumdung belangt worden und habe auch keine Schulden, aber es gibt andere Sachen, die einen Schriftsteller plagen können, etwa hartnäckiges Verlanges des Finanzamts, man solle sein voraussichtliches Einkommen des nächsten Jahres schätzen, was ganz unmöglich ist; Bescheid über Verlust oder Abhandenkommen von Sachen infolge von Umzug oder In- und Auslandsreisen (Schriftsteller reisen viel, weil sie Szenenwechsel brauchen); oder Schwierigkeiten bei der Wohnungssuche. Als ich einmal in Manhattan ein neues Apartment gemietet und sämtliche Formalitäten erledigt hatte – Miete vorausbezahlt, den Mietvertrag unterschrieben, die Umzugsleute bestellt –, wurde mir mitgeteilt, ich könne die Wohnung nicht haben, weil es eine Wohnung für Gewerbetreibende war. Schriftsteller betreiben kein Gewerbe, denn »die Kunden kommen nicht zu ihnen ins Haus.« Ich hatte Lust, ans Wohnungsbauministerium oder sonstwen zu schreiben: ›Sie haben keine Ahnung, wie viele Leute jeden Tag zu mir kommen und an der Tür läuten; sie sind für meine Existenz absolut notwendig.‹ Ich unterließ es dann und dachte nur, Prostituierten wäre die Wohnung vermutlich erlaubt, nicht aber Schriftstellern.

Ein weiterer Unruhefaktor sind die ewigen Tricks, die man beherrschen muß, um von einem unregelmäßigen und oft unzureichenden Einkommen zu leben – quälend für Leute, die nicht von Natur aus sparsam und erst recht keine Pfennigfuchser sind; die Unsicherheit, die Schriftsteller mit jedem

Luftzug einatmen, weil ihr Beruf keine Arbeitslosenversicherung, keine bezahlten Ferien oder Altersversorgung vorsieht. Oft, wenn ich morgens meine Post geöffnet habe, leiste ich mir ein paar Minuten Wut und lautlose Schreie; die nächsten sechzig oder mehr Minuten bringe ich dann damit zu, den Kram in Angriff zu nehmen. Bin ich schließlich zufrieden, weil ich alles, was möglich war, brieflich oder telefonisch erledigt habe, dann stehe ich vom Schreibtisch auf und versuche mir einzureden, ich sei nicht Ich, ich hätte keine Probleme, die letzte Stunde sei gar nicht gewesen – denn um arbeiten zu können, muß ich mich in einen Zustand von Unschuld und völliger Sorgenfreiheit versetzen. Wie schnell einem das gelingt, ist wohl ein Kriterium für den Grad an Versiertheit, den man erreicht hat. Die Fähigkeit wächst mit der Übung.

Manchmal bin ich aber nach dieser Beschäftigung mit bürokratischem Kram so angespannt und müde, daß ich mich gern eine Viertelstunde ausruhe. Das gibt einem einen herrlich klaren Kopf und neue Energien. Ich weiß, daß etwa die Hälfte aller Menschen nach so einer kurzen Ruhepause mit schwerem Kopf aufwacht, aber für die anderen bedeutet eine solche Pause Zeitersparnis und nicht Vergeudung. Als ich Anfang zwanzig war, mußte ich meine eigene Schreiberei immer auf den Abend verlegen, denn der Tag war ausgefüllt mit irgendwelchen Jobs zum Geldverdienen. Damals habe ich mir angewöhnt, mich etwa um sechs Uhr kurz hinzulegen – oder es jedenfalls zu können, wenn ich wollte – und dann zu baden und mich umzuziehen. Das verschaffte mir die Illusion von zwei Tagen in einem und machte mich für den Abend so frisch, wie es den Umständen nach möglich war. Schriftstellerische Probleme können sich nach so einer kleinen Ruhepause auf wunderbare Weise klären. Ich lege mich mit dem Problem zu Bett und wache auf mit der Lösung.

Der Plot

Aufbau des Plots und Entwicklung: das hört sich an wie zwei Prozesse, die sich überlappen, und bis zu einem gewissen Grade tun sie das auch. Die Entwicklung eines Romans kann man nicht vorantreiben, ohne eine Form von Action zu erreichen, und das gehört dann schon zum Plot. Aber bei dem Plot, über den ich hier sprechen will, geht es um den Aufriß in Haupt- und Nebenwege, um die Arbeit, die vor einem liegt, wenn die Idee entwickelt ist und ihre Elemente feststehen.

Zum Beispiel: Wo soll man den Höhepunkt des Buches anbringen? Ich bin nicht sicher, daß jedes Buch einen Vorfall aufweist, den man als Höhepunkt bezeichnen könnte. Manche Plots haben einen völlig naheliegenden Höhepunkt, eine Überraschung oder etwas, das *bouleversant* wirkt. In so einem Fall empfiehlt es sich zu entscheiden, ob das in der Mitte, am Ende oder nach drei Vierteln des Buches eintreten soll. Es gibt auch Bücher mit zwei oder drei Höhepunkten von gleichem Gewicht. Manche Höhepunkte gehören ganz ans Ende, weil danach nichts mehr zu sagen bleibt. Das Buch sollte da enden, mit einem Knall.

Hinweise

Bei einem Anfänger halte ich es für besonders ratsam, daß er sich Kapitel für Kapitel einen Aufriß macht – die Notizen brauchen immer nur kurz zu sein –, denn Anfänger neigen dazu, sich zu verzetteln. Der Ansatzpunkt für einen Kapitelaufriß sollte die Frage sein, die man sich selber stellt: »Wie bringt dieses Kapitel die Story voran?« Hat man eine weitschweifige Vorstellung für das Kapitel im Auge mit vielen kunstvollen Sätzen und bildhaften Wendungen, so ist Vorsicht geboten: es mag klüger sein, die Idee fallenzulassen, wenn sie die Geschichte nicht um ein, zwei Schritte voranzutreiben vermag. Hat man jedoch das Gefühl, die Idee für das Kapitel bringe die Story weiter, dann muß man die Punkte festhalten, die man in diesem Kapitel vorlegen will. Manchmal ist es nur einer: jemand wird blind und will das verbergen; oder ein entscheidender Brief ist gestohlen worden. Zuweilen sind es auch drei Punkte. Hält man sie alle auf einem Zettel fest, der neben der Schreibmaschine liegt, dann ist man sicher, daß man keinen übersehen wird. Noch heute, nachdem ich nahezu zwanzig Bücher geschrieben habe, notiere ich mir manchmal solche Punkte. Bei meinem Roman *Zwei Fremde im Zug* hätte ich mir viel Arbeit sparen können, wenn ich von Anfang an die Punkte festgehalten hätte. Es schadet gar nichts, wenn man das beibehält, egal wie versiert man mit der Zeit wird. Es gibt einem ein gutes Gefühl für die Arbeit, die vor einem liegt.

In der Art, wie der Schreibende einen Plot aufbaut, spiegelt sich sein Temperament und Charakter: logisch, unlogisch, nüchtern, inspiriert, nachahmend, originell. Ein Schriftsteller kann finanziell mit guten Erfolgen rechnen, wenn er aktuelle Trends kopiert und dabei nüchtern und logisch vorgeht, denn solche Imitationen lassen sich verkaufen und beanspruchen den Schreiber auch emotional nicht zu stark. Er kann daher zwei- oder zehnmal soviel produzieren wie ein originellerer Autor, der sich nicht nur physisch und gefühlsmäßig verausgabt, sondern dazu noch riskiert, daß sein Buch abgelehnt wird. Es ist immer ratsam, sich selber kritisch einzuschätzen, bevor man mit dem Schreiben anfängt; und da man das im stillen Kämmerlein tun kann, ist auch falscher Stolz hier nicht angebracht.

Ich habe das hier erwähnt, weil es zum Aufbau des Plots gehört. Im allgemeinen mag das Publikum keine Verbrecher, die am Ende straflos ausgehen, obschon: in Romanen werden sie noch eher akzeptiert als im Fernsehen und in Filmbearbeitungen. Die Zensur ist heute zwar weniger streng, aber generell hat ein Buch bessere Chancen, von Fernsehen und Film angekauft zu werden, wenn der Verbrecherheld gefaßt und bestraft wird und am Ende klein und häßlich dasteht. Es ist fast besser, ihn im Verlauf der Story umzubringen, wenn das Gesetz das nicht übernimmt. Mir geht das gegen den Strich – ich mag Verbrecher und finde sie außerordentlich interessant, wenn es sich nicht gerade um banale und dumm-brutale Täter handelt.

Verbrecher sind von dramatischem Interesse, weil sie mindestens eine Zeitlang aktiv und im Geist frei sind und sich von niemandem unterjochen lassen. Ich bin ein so gesetzestreuer Mensch, daß ich oft schon vor einem Zollbeamten zittere, obwohl ich nichts Zollpflichtiges im Koffer habe. Vielleicht lebt in mir ein strenger und streng unterdrückter verbrecherischer Trieb, sonst würde ich mich nicht so sehr für Verbrecher interessieren oder so oft über sie schreiben. Und ich glaube, viele Suspense-Autoren – ausgenommen vielleicht diejenigen, deren Helden und Heldinnen zu den Opfern gehören, denen Unrecht zugefügt wurde, und deren Bösewichte als Nebenfiguren und unattraktive oder verlorene Gestalten auftreten – müssen irgendwie Sympathie haben für ihre Verbrecher und sich mit ihnen identifizieren, sonst würden sie sich in ihren Büchern nicht emotional so weit mit ihnen einlassen. In dieser Hinsicht ist der Suspense-Roman grundverschieden vom Krimi. Der Suspense-Autor geht oft viel gründlicher auf das ein, was im Kopf des Verbrechers vor sich geht, denn den Verbrecher kennt man gewöhnlich das ganze Buch hindurch, also muß der Autor beschreiben, wie es in seinem Kopf aussieht. Das kann er aber nur, wenn er Mitgefühl aufbringt.

Die allgemeine Passion für Gerechtigkeit kommt mir langweilig und künstlich vor, denn weder das Leben noch die Natur kümmert sich im mindesten darum, ob der Gerechtigkeit Genüge getan wird. Die Leser wollen, daß das Gesetz triumphiert, zumindest die meisten, auch wenn sie gleichzeitig

Brutalität ganz gern mögen. Aber die Brutalität muß auf der richtigen Seite stattfinden. Detektiv-Helden können gern brutal und sexuell ganz skrupellos sein, sie können Frauen mit Füßen treten und sind doch als Helden beliebt, weil sie nach etwas auf der Jagd sind, das vermutlich noch übler ist als sie selber.

Das fast Unglaubwürdige

In Plots und Situationen habe ich sehr gern fast, aber nicht völlig unglaubwürdige Zufälle. So entwirft zum Beispiel im ersten Kapitel von *Zwei Fremde im Zug* ein Mann einen verwegenen Plan für sich und einen Mitreisenden, den er erst seit wenigen Stunden kennt; zufällig wird gerade Tom Ripley, der potentielle Mörder, vom Vater eines jungen Mannes dazu erwählt, diesen Jungen aus Europa heimzuholen; unwahrscheinlich und ausweglos ist das Zusammentreffen von Robert und Jennie in *Der Schrei der Eule,* denn Robert scheint ein Voyeur zu sein, Jennie kümmert sich darum nicht und fühlt sich zu ihm hingezogen. Ich schreibe gern Bücher mit langsamen oder sogar geruhsamen Anfängen, in denen der Leser völlig vertraut gemacht wird mit dem Verbrecherhelden und seiner Umwelt. Es gibt aber für so etwas kein Gesetz; in *Der Stümper* habe ich mit einem akuten Knall eingesetzt, einem kurzen Kapitel mit reichlich Action, nämlich Kimmels Mord an seiner Frau. Wir wissen gar nicht viel über Kimmel und erst recht nicht über seine Frau, doch es ist ein interessantes erstes Kapitel eben wegen der Ereignisse. Ich schaltete dann hinüber zu Walter, dem Stümper selber, und sein Teil an der Story beginnt nun wirklich sehr langsam. Wir erfahren da alles über ihn, das unglückliche Verhältnis zu seiner Frau, seine Zuneigung zu einem Mädchen namens Ellie – die eher auf ihrer Gutherzigkeit (als Kontrast zu der Launenhaftigkeit seiner Frau) beruht als auf irgendwelchen anderen Eigenschaften des Mädchens.

Tempo

Die Entscheidung hinsichtlich des Tempos gehört zum Aufbau des Plots und zu der Wirkung, die man erzielen will. Nicht immer denke ich darüber nach, wie ich es in *Der Stümper* getan habe. Zum Teil kann man das Tempo mit »Stil« bezeichnen; als Stil ist es ganz natürlich, nicht einstudiert, und hat etwas mit dem Temperament des Schreibers zu tun. Man soll kein sehr schnelles oder sehr langsames Tempo riskieren, wenn man sich beim Schreiben dann angespannt und unnatürlich vorkommt. Manche Bücher sind von Anfang an in nervösem Stil geschrieben, andere durchweg langsam und schwunglos, mit zu vielen Analysen und Ereignisschilderungen befrachtet. Manche setzen langsam ein, gewinnen dann an Tempo und rasen dem Schluß zu. Kann man sich einen Thriller von Proust vorstellen? Ich kann's. Die Prosa wäre lässig und verwickelt, aber die Handlung nicht unbedingt, und die Motivationen wären gründlich analysiert.

Die meisten meiner langsamen oder sogar langweiligen Anfänge sind in recht nerviger Prosa geschrieben. Es ist durchaus möglich, eine langweilige verschlafene Villa am sonnigen Strand im Ausland auf hektische Art zu beschreiben, auch wenn achtzig Seiten lang gar nichts passiert. Durch den Prosastil wird der Leser auf kommende Gewaltakte vorbereitet. Amüsanter wäre es vielleicht, in lässig-trägem Stil zu schreiben (wenn er einem entspricht) und den Leser überhaupt nicht auf Blutvergießen und Mord vorzubereiten. Aber ein Versuch, diese Dinge durch Vorschriften festzulegen, wäre absurd. Ein Schriftsteller soll die Ereignisse in seinem Buch in der unterhaltsamsten und amüsantesten Reihenfolge aufbauen, dann wird sich das richtige Tempo – langsam, schnell oder mittelmäßig – wahrscheinlich von selber einstellen.

Ich habe schon gesagt, wie notwendig es ist, ein Buch so deutlich wie ein Foto vor sich zu sehen, aber den Plot so klar wie ein Foto zu sehen, das gelingt mir fast nie. Ich sehe im Geist meine Personen und den Hintergrund, die Atmosphäre und die Dinge, die etwa im ersten Drittel oder Viertel und meist auch die, die im letzten Viertel des Buches passieren. Über dem dritten Viertel liegt meistens ein Nebelfeld, das sich erst auflöst, wenn ich dahin komme.

Meine Arbeitsmethoden würden einen logischer denkenden Menschen vielleicht zum Wahnsinn treiben. Es kommt aber oft vor – auch bei Schriftstellern, die vor dem ersten Ansatz ihr Buch deutlich von A bis Z vor sich sehen –, daß ein Buch sich ändert, wenn es zu drei Vierteln fertig ist. Der Grund mag sein, daß eine Figur sich nicht so verhält, wie man es voraussah – eine Situation, die sowohl gut wie schlecht sein kann. Ich halte es nicht in allen Fällen für gut, eine starke Figur vor sich zu haben, die ganz selbständig handelt. Der Boß ist immer noch der Schreibende, und ihm kann es nicht recht sein, wenn seine Personen – mögen sie noch so charakterfest sein – überall herumtoben oder vielleicht auch stockstill stehen.

Eine aufsässige Figur kann den Plot in eine bessere Richtung steuern, als man sie anfangs vorgesehen hatte. Es kann auch vorkommen, daß er oder sie etwas an die Kandare genommen, verändert oder völlig eliminiert und umgeschrieben werden muß. Es lohnt sich, über ein solches Hindernis ein paar Tage gründlich nachzudenken, was meistens auch notwendig ist. Wenn der Betreffende sehr widerspenstig und gleichzeitig interessant ist, kommt man auf diese Weise zu einem ganz anderen Buch als dem ursprünglich geplanten, vielleicht zu einem besseren, vielleicht zu einem ebenso guten Buch, aber jedenfalls zu einem anderen. Man darf sich durch so ein Erlebnis nicht entmutigen lassen. Es kommt häufig vor.

Und kein Buch, vielleicht auch kein Bild, gleicht, wenn es fertig ist, genau dem ersten Traum, den man einmal davon träumte.

Kommt man beim Nachdenken, oder im Manuskript, an eine noch nebelhafte Stelle, dann stellt sich zuweilen eine ganz naheliegende Lösung ein. Das Naheliegende ist ein leichter Ausweg, aber meist nicht der beste. Eine naheliegende Lösung fiel mir ein, als ich in *Der Geschichtenerzähler* fast am Ende war: Auf dem Grundstück ihrer Eltern in Kent stößt Sydney seine Frau über eine Felskante, weil sie droht, sie werde, wenn er die Ehe mit ihr nicht fortsetzt, behaupten, er habe versucht, sie (durch einen Stoß über die Felskante) umzubringen. Er will nicht bei ihr bleiben und stößt sie hinunter, dann lügt er, sie habe sich selber hinuntergestürzt. Das war eine banale und auf der Hand liegende Lösung, die Sydneys Fähigkeit zum Mord allzu abrupt in die Geschichte einführt. Diese Version habe ich nach dem Schreiben vernichtet.

Ein billiger Trick ist auch, den Leser einfach zu überraschen und zu erschrecken, vor allem auf Kosten der Logik. Mangelnde Erfindungskraft des Schreibers läßt sich durch spektakuläre Action, raffiniert geschrieben, auch nicht vertuschen. Es ist auch eine Art Faulheit, einfach zum Nächstliegenden zu greifen, das im Grunde nicht unterhaltsam ist. Das Ideal ist eine unerwartete Wendung im Geschehen, die einigermaßen zum Charakter der Hauptfiguren paßt. Man kann die Gutgläubigkeit des Lesers und auch sein Gefühl für Logik ruhig strapazieren – sie halten viel aus –, aber nicht bis zur Zerreißprobe. Wenn man sich daran hält, wird das, was man schreibt, neu, überraschend und unterhaltsam sein, für den Schreiber und für den Leser.

Der erste Entwurf

Bevor wir uns dem ersten Entwurf zuwenden, möchte ich etwas über die erste Seite sagen. Sie ist wichtig, weil sie den Leser entweder in die Geschichte einführt oder ihn das Buch beiseite legen läßt. Ein Autor meiner Bekanntschaft verriet mir einmal, er könne gut und gern zehn Tage über der ersten Seite verbringen. Zehn solche Tage würden mir jede Sicht nehmen, aber ich habe auch schon drei verschiedene Fassungen in einem Tag geschafft; und wenn ich dann immer noch nicht zufrieden bin, geh ich zu Seite zwei über in der Absicht, mir die erste Seite am nächsten Tag nochmals vorzunehmen. Nichts ist so gut wie ein frischer Blick.

Erste Seite

In der Annahme, daß der Leser sein Auge oder Gehirn nicht gern der Anstrengung eines langen Abschnitts von dreißig Zeilen aussetzt, ziehen manche Autoren einen kurzen Eingangsabschnitt von einer bis sechs Zeilen vor. Ich finde, daß daran etwas ist. Thomas Mann z. B. kann einen langen, soliden Absatz an den Anfang von *Tod in Venedig* setzen, aber nicht jedermann schreibt geistig so anregende Prosa wie er.

Ich habe lieber einen ersten Satz, in dem sich etwas bewegt und etwas vorfällt, als einen wie: »Das Mondlicht lag still und fließend auf dem blassen Strand.«

Im folgenden einige meiner Anfangssätze, über denen ich oft mehr gebrütet habe, als man ihnen ansieht.

Zwei Fremde im Zug

Der Zug jagte dahin in einem zornigen, unregelmäßigen Rhythmus. Er mußte von jetzt an öfter und an kleineren Stationen halten, wo er ungeduldig einen Augenblick warten würde, bevor er wieder auf die Prärie losging.

Dieser Absatz geht über insgesamt sechs Zeilen fort und wird abgelöst von einem zweizeiligen, der die Hauptperson einführt; die ist so rastlos gestimmt wie der Zug:

> Guy löste seinen Blick vom Fenster und ruckte sich wieder in den Sitz zurück.

Der nächste Absatz von drei Zeilen gibt eine einfache und bekannte Situation wieder: Guy will sich scheiden lassen und fürchtet Schwierigkeiten von seiner Frau, Miriam. Dann zurück zu der Szene im Zug mit Guy in zwei mittellangen Absätzen, die sein Äußeres beschreiben, etwas mehr von seinen Problemen erzählen, aber das Gehirn nicht strapazieren.

Der talentierte Mr. Ripley

> Tom blickte sich um und sah den Mann aus dem *Grünen Käfig* kommen und seine Richtung einschlagen. Tom ging schneller. Es gab keinen Zweifel, daß der Mann hinter ihm her war. Tom hatte ihn vor fünf Minuten bemerkt, wie er ihn aufmerksam von einem Tisch her beäugte, so als wäre er nicht *ganz* sicher, aber beinahe. Immerhin hatte er sicher genug ausgesehen, so daß Tom seinen Drink hastig hinuntergegossen und bezahlt hatte und hinausgegangen war.

Darauf folgen fünf oder sechs Absätze von verschiedener Länge, und am Ende der ersten Seite wissen wir, daß sich Tom in Gefahr fühlt, verhaftet zu werden, doch wir wissen nicht wofür.

Der süße Wahn

> Eifersucht war es, was David um den Schlaf brachte, ihn aus einem zerwühlten Bett aus der dunklen, stillen Pension auf die Straßen trieb.

Dieser Satz bildet den ganzen ersten Absatz, dann kommt einer von zehn Zeilen, dann einer von zwanzig – also ein eigentlich »klassischer« Anfang. Wir erfahren dabei nichts von Davids Problemen, außer daß ihn seine »Situation« bedrückt. Die erste Seite beschreibt hauptsächlich die düsteren Straßen einer Stadt im Norden des Staates New York, durch die er geht, und Davids düsteren Eindruck von der Szene.

Die gläserne Zelle

Es war 15.35, Dienstagnachmittag, in der Staatlichen Strafanstalt, und die Gefangenen kehrten aus den Werkstätten zurück.

Dieser betont ruhige Satz steht am Anfang eines Absatzes von 19 Zeilen, gefolgt von einem doppelt so langen. Ich habe mich hier zweifellos darauf verlassen, daß die Neugier über den ungewöhnlichen Hintergrund, ein Gefängnis, den Leser weitertreiben wird. Die Öde des Rhythmus ist die Öde der Gefängnisatmosphäre; eine durchdringende Hoffnungslosigkeit in Carter, wenigstens in diesem Augenblick, hervorgebracht durch eine eben erlebte Enttäuschung, erlaubt kein Handeln, kein Tempo, nicht einmal Nervosität. Der erste Absatz gibt Carters Reaktion auf die alltäglichen Geräusche von Hunderten von Männern in steinernen Gängen wieder, und seine Reaktionen sind die von gewöhnlichen Leuten, die nicht an das Gefängnisleben gewöhnt sind – vermutlich die Mehrheit der potentiellen Leser. Jedenfalls wird der Leser durch Empfindungen und Gedanken in die Gefängnisszene eingeführt, wie er sie selber unter solchen Umständen haben könnte, und er wird nicht verwirrt oder abgelenkt durch Auskunft darüber, was Carter überhaupt dorthin gebracht hat. Das kann später geschehen, wenn der Leser Anteil zu nehmen beginnt.

Der Stümper

Der Mann in der dunkelblauen Hose und dem moosgrünen Sporthemd wartete ungeduldig in der Reihe.

Dies ist der ganze erste Absatz. Der zweite hat 11 Zeilen, dann folgt ein kurzes Gespräch zwischen dem Mann und der Billettverkäuferin, dann ein Absatz von 7 Zeilen. Der Anfang hat nichts Auffälliges und hätte es noch weniger ohne das Wort »ungeduldig«. Der Mann geht ja nur ins Kino. Warum sollte er da ungeduldig sein? Was hat er? Spätestens auf der zweiten Seite weiß der Leser, allein durch die Vorgänge und nicht, weil ich es in Worte fasse, daß der Mann ein Kinobillett kauft und seine Nachbarn grüßt, nur um sich ein Alibi zu verschaffen. In kaum 50 Zeilen ist er aus dem Kino und auf dem Weg zu einem Mord. Das ist unterhaltsame Bewegung. Wir können später noch eine Menge über Kimmel erfahren, und wir tun es auch, aber es ist anregend, ihn zuerst in Aktion zu sehen.

Am Anfang von *Der süße Wahn* wollte ich eine Stimmung von Gespanntheit schaffen, auch von hartnäckiger Plackerei, von aufgestauter Kraft, die eines Tages explodieren wird. Wenn jemand so aufgebracht ist, daß er nachts aus dem Bett steigt, um einsam durch die Straßen zu gehen, dann ist er in Bedrängnis, in irgendeiner, und das ist eben die »Situation«.

Zu all dem gibt es keine mir bekannten Regeln, und ich stelle mir vor, daß man einen Charakter auch etwas Einfaches und doch Interessantes tun lassen könnte – etwa zeigen, wie er im Ausguß eines Waschbeckens nach seinem Trauring fischt –, und daß man das über 50 oder 60 Zeilen in einem langen Absatz durchhalten und den Leser doch nicht verlieren könnte. Der Leser will ja nicht gleich in ein Meer von Informationen getaucht werden und in verwickelte Umstände, die für ihn noch in keiner Beziehung zu den vorkommenden Personen stehen, weil er sie ja noch gar nicht kennengelernt hat. Auch den Leser gleich in einen Gefühlsaufruhr, eine Auseinandersetzung, eine leidenschaftliche Szene zu stürzen, hieße das Pulver verschießen, da der Leser sich nicht in eine Lage versetzen kann, solange er sich nicht in die Leute versetzt hat. Und so finde ich es gut, einen Eindruck von Bewegung zu geben, ohne auch gleich alle Gründe dafür offen hinzulegen. In Ripley: »Es gab keinen Zweifel, daß der Mann hinter ihm her war.« Sonst wissen wir nichts, aber es ist eine Situation, eine einfache, primitive. Das ist, was Ripley denkt. Wir wissen nicht, ob er ein Verbrecher ist, der verfolgt wird, oder ein Paranoiker, der sich das einbildet; aber ein Mann, der einem andern folgt, oder einer, der glaubt, daß man ihm folgt, das gibt eine Situation, und der Leser will wissen, ob der »Verfolger« ihn einholen wird, will, daß er eingeholt wird, um zu erfahren, was dann geschieht.

Julian Symons ist ein erstklassiger Schriftsteller, mehrfacher Preisträger, ein häufiger Mitarbeiter des ›Ellery Queen's Mystery Magazine‹. Jeder Verfasser von Kriminalromanen und Thrillern kann von ihm lernen. Der erste Satz seines Buches *The Progress of a Crime* ist:

> Hugh Bennett aß an jenem Tag wie gewöhnlich seinen Lunch in *Giuseppe's*, dem einzigen Ort in der Nähe des Büros, wo man gut essen konnte.

Der Absatz läuft über weitere fünf Zeilen, dann kommt ein beiläufiges Gespräch in Absätzen von wachsender Länge, die uns mit den beiden Kollegen von Hugh Bennett bei einem Provinzblatt bekannt machen. Das ist alles zwanglose, konventionelle Prosa, die gleichwohl fasziniert, ganz einfach wegen ihrer Alltäglichkeit, nur daß hier natürlich gefachsimpelt wird. Zeitungsfachsimpelei aber interessiert die meisten Leute, und in diesem Fall sind die Charaktere faszinierend. *The Progress of a Crime* erzählt von der Berichterstattung über einen Kleinstadtskandal am Guy-Fawkes-Tag, in dessen Verlauf ein wichtiger Mann von einer Bande von fünf Halbwüchsigen angegriffen und erstochen wird. Ein Prozeß gegen zwei Mitglieder der Bande und dessen Vorbereitung und die damit verbundene Publizität werden brillant geschildert. Es gibt im Grund kein Geheimnis, da der Bandenführer und ein anderer Junge die Messer geführt haben müssen. Aber es liegt Spannung in der Auseinandersetzung zwischen Anklage und Verteidigung, darin, wie Beweise beschafft oder unterdrückt werden.

Julian Symons, der gleichzeitig Dichter und Kritiker wie auch Romancier ist, läßt sich nicht von Kategorien einschränken, und seine Thriller illustrieren gut, wie vielfältig dieses Genre ist.

Eine Bemerkung zu ersten Kapiteln im allgemeinen: Es ist gut, Handlungsabläufe zu geben. Es kann gut sein, daß »nichts geschieht« im ersten Kapitel – vielleicht ist es diese Art von Geschichte. Oder man will die Szene aufbauen, Struktur oder Wesen einer Beziehung zwischen Personen darstellen, gewisse Charaktere einführen – und weiter nichts. Was ich meine mit Handlungsabläufen, ist potentielle Handlung: jemandes Wunsch, eine Reise zu unternehmen; der eines andern, eine Situation hinter sich zu lassen, und die Unfähigkeit dazu; das Verlangen nach etwas (oder jemandem), was man nicht hat; oder die Andeutung einer potentiellen Gefahr – die überall herkommen kann, von Termiten oder einem Erdbeben bis zu geistiger Verwirrung. Schon die bloße Beschreibung von Beziehungen kann einen »Handlungsablauf« schaffen, vorausgesetzt, daß diese Beziehung dynamisch ist.

Auch einen stillen Handlungsablauf kann ich mir vorstellen: ein schönes Mädchen hütet getreulich ihren kranken Großvater im Rollstuhl und schließt sich seinetwegen vom Leben ab. Das kann natürlich nicht endlos anhalten – nicht in einem Buch. Im Buch muß sie eine Weile aus der Rollstuhlwelt hinaus und vielleicht am Ende dorthin zurückkehren, doch wenn es ein Suspense-Buch ist, bleibt sie vermutlich draußen. Das erste Kapitel sollte entweder Handlung oder Aussicht darauf enthalten. Das gilt für jeden guten Roman, aber beim Suspense-Roman ist die Handlung gewöhnlich gewalttätig. Das ist der einzige Unterschied.

Länge und Proportionen

Es gibt ein paar Autoren, die den ersten Entwurf zu knapp halten. Ich habe einmal einen getroffen. Doch auf diesen einen kommen Hunderte, die zuviel schreiben. Es besteht eine Neigung, zuviel zu beschreiben und zuviel zu erklären. Bei der Schilderung eines Raums ist es nicht nötig, alles darin aufzuführen – es sei denn, der Raum ist voller überraschender

Dinge, die nicht zusammenpassen, wie Spinnweben und Hochzeitstorten. Gewöhnlich genügen ein, zwei Hinweise, um ein Zimmer reich, arm, ordentlich, nachlässig, pedantisch, maskulin oder feminin wirken zu lassen.

Auch beim Dialog ist der Anfänger geneigt, jedes Wort festzuhalten. Oft läßt sich das Wesentliche eines 40zeiligen Gesprächs in dreien wiedergeben. Dialog ist etwas Dramatisches und sollte spärlich verwendet werden, weil die Wirkung dann um so dramatischer ist. Eine eheliche Zänkerei in einem Buch kann zusammengefaßt werden: »Howard weigerte sich einzulenken, obgleich sie eine volle halbe Stunde auf ihn einredete. Schließlich gab sie es auf.« Danach könnte man noch eine einzige Aussage in einem besonderen Absatz anfügen, wie etwa: »›Du hast deinen Willen immer durchgesetzt‹, sagte Jane, ›also kannst du diesen weiteren Sieg auch noch verbuchen.‹«

Schon beim ersten Entwurf sollte man das Buch als Ganzes vor Augen haben, d. h. in seinen Proportionen – ob man nun jeden Teil davon im Detail bereits vor sich sieht oder nicht. Ich kann dies am besten zeigen anhand meines ersten Buches, das auch mein erster Mißerfolg war. Es ist nie erschienen und wurde auch nicht zu Ende geschrieben. Ich hatte damals das ganze Buch vor mir – Anfang, Mitte und Schluß. Ich hatte es auf etwa 300 Seiten angelegt, und wenn ich dann soweit wäre, wollte ich es um etwa 25 kürzen. Und so fand ich mich eines Tages auf Seite dreihundertfünfundsechzig, und noch nicht einmal die Hälfte meiner Geschichte war bewältigt. Ich hatte meine Nase so beflissen übers Papier gehalten, daß ich das Ganze aus den Augen verloren hatte. Ich schrieb ausladend über Kleinigkeiten und brachte das Buch aus dem Gleichgewicht.

Man kann sich eine Geschichte vorstellen mit einer Mittellinie, zu deren Linken und Rechten etwa gleich viele Seiten stehen. Sekundäre Höhepunkte und Ereignisse könnten auf der Mittellinie stehen, aber nicht zu nahe daran gedrängt und nicht alle ganz am rechten Ende. Eine derartige Vorstellung könnte helfen, ein Buch im Griff zu haben. Abweichungen sind natürlich möglich, und kleine Verschiebungen machen nichts aus, aber wenn man so um die 75 Seiten von der Mitte abgekommen ist, dann ist etwas schief.

Einige Autoren verlassen sich auf ein Diagramm statt auf eine Skizze, oder auf beides. Ich verfertigte mal eins in Form einer Kurve, die auf und ab ging. Die Auf-Punkte wurden mit gewissen Ereignissen der Geschichte beschriftet. Dieses Verfahren zwingt den Schriftsteller, die Folge der Ereignisse im Hinblick auf den ganzen Ablauf zu sehen. Man könnte bei den Punkten auch provisorische Seitenzahlen anbringen – so ließe sich wenigstens ablesen, wo man bei einem bestimmten Punkt der Geschichte angelangt sein sollte.

Ich mache es mir zur Gewohnheit, am Ende meines Arbeitstags über das Pensum des nächsten Tages nachzudenken. Wahrscheinlich bin ich etwas müde und froh, wenn die acht Seiten, oder wieviel immer, geschafft sind. Doch es macht Spaß und Mut, die nächsten Ereignisse im Blickfeld zu haben, die Ereignisse, die morgen geschrieben werden. Dies gibt mir ein Gefühl der Kontinuität. Wenn mich an diesem Abend Freunde ablenken, so fühle ich mich doch nicht so weit von meiner Arbeit entfernt (daß es mir gefährlich werden könnte), selbst wenn meine Gedanken natürlich nicht den ganzen Abend bei der Arbeit sind. Es ist sogar gut, nicht daran zu denken, sondern sich in Gesellschaft zu erholen oder etwas ganz Andersartiges zu tun. Aber wenn man am Ende eines Tags wieder an die Arbeit des folgenden denkt, so setzt man sich dann am andern Morgen an die Schreibmaschine mit einer bestimmten Aufgabe, und nicht mit dem vagen Gefühl: »Wo war ich denn nun eigentlich? Und wie komm ich nur wieder darauf zurück?« Es ist auch gut, Ideen zu überschlafen; am nächsten Morgen sind sie viel frischer und klarer.

Ein Buch ist ein langer fortwährender Prozeß, der eigentlich idealerweise nur von Schlaf unterbrochen werden sollte.

Da wir aber nicht auf verlassenen Inseln leben und selbst die Einsiedlerhütte im Wald uns nicht von der Sorge um Nahrung und Brennholz befreien würde, müssen wir beständig Schliche ausdenken und Spiele spielen und allerlei Krücken erfinden. Unser Geist braucht gewiß Erholung bei der Niederschrift eines Buches, aber die sollte sorgsam gewählt werden und nicht stören oder körperlich ermüden.

Wenn ich mich an die neue Tagesarbeit setze, lese ich selten alles wieder, was ich am Vortag geschrieben habe, sondern nur die letzten beiden Seiten. Wenn ich nicht bis zum Ende eines Kapitels gekommen bin, dann prüfe ich, wie lang das Kapitel ist, da mir die Länge sehr wichtig ist, auch wenn es über Kapitellängen keine Gesetze gibt. Ein Kapitel ist wie ein kleiner »Akt« in einem Schauspiel, und es hat einen dramatischen oder emotionellen Knall in sich, ob groß oder klein. Man muß sich emotionell dessen bewußt sein. Ich bin oft befragt worden über diese Kleinigkeit – ob ich die Arbeit des vergangenen Tages durchlese (oder sogar ganze Manuskripte, wie es glaube ich Hemingway getan hat) –, und darum erwähne ich das hier. Ich finde es notwendig, wenigstens eine Seite wiederzulesen, um die Gangart der Prosa und ihre Stimmung wiederaufzunehmen.

Stimmung und Gangart

Ich begann den *Talentierten Mr. Ripley* in einer Stimmung, die ich für vortrefflich, und einer Gangart, die ich für vollkommen hielt. Ich hatte mir ein Cottage in Massachusetts auf dem Land genommen, in der Nähe von Lenox, und die ersten drei Wochen verwandte ich auf die Lektüre von Büchern aus der hervorragenden Bibliothek von Lenox. Ich las eine 1835er Ausgabe von de Tocquevilles *Demokratie in Amerika* und stöberte in einer italienischen Grammatik. Der Hausbesitzer wohnte in der Nähe und war Leichenbestatter, worüber er sich gern unterhielt, wenn er mir auch keinen Besuch in seinem Etablissement zugestand, um mir die baumförmigen Einschnitte anzusehen, die er vor dem Ausstopfen auf der Brust der Leiche anbrachte. »Womit stopfen Sie die Leichen aus?« fragte ich. »Sägemehl«, antwortete er offen und sachlich. Ich spielte mit dem Gedanken, Ripley in eine Schmuggelaktion zu verwickeln mit einer Zugreise von Triest nach Rom und Neapel, bei der er eine Leiche zu begleiten hatte, die mit Opium gefüllt war. Das war natürlich ein Abweg und wurde nie so ausgeführt, aber auf diese Weise wurde ich neugierig auf die Leichen meines Hausbesitzers. In meiner bukolischen Stimmung fing ich das Buch an und schien flott voranzukommen. Doch so um Seite 75 herum ging mir auf, daß meine Prosa so entspannt war wie ich selber, beinahe schlaff, und daß eine entspannte Stimmung Mr. Ripley schlecht bekommen würde. So entschied ich mich, die Seiten wegzuwerfen und neu zu beginnen, diesmal indem ich geistig wie körperlich auf dem Rand meines Stuhls saß, denn ganz so ist auch der junge Mann Ripley – ein junger Mann auf dem Rand seines Stuhls, wenn er sich überhaupt je einmal hinsetzt.

Aber während solcher gewundener Verirrungen mit opiumgefüllten Leichen und gemächlicher Prosa behielt ich doch mein Hauptanliegen stets im Auge: zwei Männer von einer gewissen, nicht großen, Ähnlichkeit, deren einer den andern tötet und dessen Identität annimmt. Das war der Angelpunkt. Viele Geschichten können darum herum geschrieben werden. Es gibt am Plot von *Ripley* nichts Spektakuläres, aber das Buch wurde beliebt wegen seiner fieberhaften Prosa und der Frechheit und Kühnheit von Ripley selbst. Indem ich mich in die Haut eines solchen Charakters hineindachte, wurde meine Prosa selbstsicherer, als man es logischerweise erwartet hätte, und unterhaltender. Ein Leser hat gern das Gefühl, daß der Autor seinen Stoff beherrscht und erst noch etwas Kraft übrig hat. *Ripley* bekam eine Auszeichnung von den Mystery Writers of America und den Grand Prix de Littérature Policière in Frankreich und wurde unter dem Titel

Plein Soleil (Nur die Sonne war Zeuge) verfilmt. Die Auszeichnung der Mystery Writers of America hängt in meinem Badezimmer, wo ich Urkunden immer hinhänge, weil sie dort nicht ganz so pompös wirken. In Positano war der Rahmen etwas schimmlig geworden, und als ich das Glas entfernte, um es zu reinigen und zu trocknen, setzte ich »Mr. Ripley und« vor meinen Namen, da ich finde, Ripley selbst hätte die Auszeichnung verdient. Kein Buch fiel mir je leichter zu schreiben, und oft kam es mir vor, als hätte Ripley es geschrieben und ich nur die Schreibmaschine betätigt.

Eingestimmt sein

Gute Bücher schreiben sich selbst, und das trifft für ein kleines, aber erfolgreiches Buch ebensogut zu wie für die großen Werke der Weltliteratur. Wenn der Autor lange genug über seinen Stoff nachdenkt, bis dieser zu einem Bestandteil seines Lebens und Fühlens geworden ist, und bis er am Morgen beim Aufwachen daran denkt – dann wird alles wie von selbst fließen, wenn er sich an die Arbeit macht. Ein Autor sollte auf sein Buch abgestimmt sein beim Schreiben, ob dies nun sechs Wochen, sechs Monate, ein Jahr oder noch länger dauert. Es ist erstaunlich, wie sich während dieser Zeit allerlei Informationen, Gesichter, Namen, Anekdoten, zufällige Eindrücke als verwendbar erweisen, solange man auf das Buch und seine Notwendigkeiten eingestimmt ist. Ist es vielleicht, daß der Schriftsteller das Passende einfach anzieht oder daß irgendein Prozeß das Unpassende abweist? Wahrscheinlich eine Mischung von beidem.

Wenn man zur Zeit des Schreibens auch noch einem Beruf nachgehen muß, ist es wichtig, jeden Tag oder jedes Wochenende eine gewisse Zeitspanne auszuklammern und von jeglicher Störung freizuhalten. Das ist sogar noch leichter zu bewerkstelligen, wenn man mit jemand zusammenlebt, weil die andere Person dann zur Tür oder zum Telefon gehen kann. Es muß Hunderte von Schriftstellern geben, die an Abenden und Wochenenden einen Roman zu schreiben versuchen. Fünf Abende die Woche von zwei oder drei Stunden, oder acht Stunden jeden Samstag, oder viermal wöchentlich drei Stunden – man braucht irgend einen Stundenplan und muß sich daran halten. Etwas Stolz auf seine Arbeit ist wesentlich, und wenn man einmal Störungen zuläßt oder Einladungen annimmt, dann wird der Stolz bald etwas matt. Man mag nur langsam vorankommen, aber das ist nicht wesentlich. Wesentlich ist, daß man das Gefühl bekommt, daß sich das Buch auf seiner Bahn fortbewegt und tüchtig vorangekommen ist, selbst wenn man nach einem Monat nur vierzig Seiten geschafft hat. Wenn man einen Beruf ausübt, sollte man noch frisch genug sein für die Arbeit nachher und sich nicht drängen lassen, sonst gerät man in Verwicklungen. Und damit lebt sich's nicht leicht, und man kommt dann eher in Versuchung, sich von den Problemen ablenken zu lassen, die auf dem Schreibtisch warten.

Handwerk und Talent

Diese Bemerkungen sind Gemeinplätze; doch es muß viele Autoren mit Erfahrung und auch mit einigem Talent geben, die unter äußeren Umständen leiden, sonst wären Institutionen wie Yaddo in Saratoga Springs nicht notwendig.

Man braucht nicht gerade ein Ungeheuer zu sein oder sich als eins zu fühlen, wenn man auf zwei oder drei Stunden absoluter Ungestörtheit besteht. Ein solcher Stundenplan sollte zur Gewohnheit werden und die Gewohnheit, wie das Schreiben selbst, eine Lebensweise. Auch eine Notwendigkeit: dann kann und wird man immer arbeiten. Es ist denkbar, daß man sich lebenslang als Schriftsteller fühlt oder einer werden will und doch kaum je etwas schreibt, sei's aus Bequemlichkeit oder Mangel an Gewohnheit. So jemand mag ganz passabel schreiben, wenn er dazu kommt, – man kennt ihre

Art oft als große Briefeschreiber – und vielleicht auch ein paar Dinge publizieren, aber es bleibt zweifelhaft. Schreiben ist ein Handwerk und verlangt beständige Übung.

»Malen ist nicht eine Angelegenheit von Träumerei oder Inspiration. Es ist ein Handwerk, und es braucht dazu einen guten Handwerker.« Das sagte Pierre Auguste Renoir, und da es von einem Künstler und einem Meister stammt, sollte man es beherzigen.

Und Martha Graham über die Tanzkunst: »Es ist eine eigenartige Verbindung von Geschicklichkeit, Intuition und ich muß sagen Rücksichtslosigkeit – und jenem schönen Unfaßbaren, das man Glaube nennt. Wenn du die Magie nicht hast, so kannst du zweiunddreißig Fouettés drehen, und es nützt alles nichts. Du mußt wohl damit geboren sein. Es ist etwas, was man in den Leuten entwickeln kann, aber nicht ihnen einflößen – man kann es ihnen nicht beibringen.«

Renoir spricht vom Handwerk, Martha Graham von Talent, Flair, Genie. Beides muß zusammengehen. Handwerk ohne Talent hat weder Freude noch Überraschungen, nichts Originelles. Talent ohne Handwerk – nun, wie könnte die Welt es überhaupt bemerken?

Große Musiker und Bildhauer und Schauspieler haben sich ähnlich geäußert, denn alle großen Künste gleichen sich, und alle großen Künstler sind innen gleich, und es ist nur Zufall, ob einer nun zum Musiker, Maler oder Schriftsteller wird. Alle Kunst beruht auf einem Verlangen nach Kommunikation, auf einer Liebe zur Schönheit, einem Bedürfnis, aus dem Durcheinander eine Ordnung zu schaffen. Dies war mein »Heureka« mit siebzehn Jahren – daß alle Künste gleich sind. Ich fühlte das und dachte wahrhaftig, ich hätte etwas Neues entdeckt, doch fand ich bald heraus, daß das schon vor Jahrtausenden gesagt worden war, fast vor so langer Zeit, wie die Menschen zu schreiben wußten. Und vor zwanzig- oder vierzigtausend Jahren, als die großen Bilder an die Wände der Höhle von Lascaux gemalt wurden, muß vermutlich dem einen oder andern im Stamm aufgefallen sein, daß etwas im Temperament Gemeinsames war zwischen dem, wie Männer Büffel an die Wand malten, und dem, was sich die Männer an erfundenen Geschichten erzählten im Bestreben, die Gruppe ums Lagerfeuer zum Zuhören zu bewegen. Die Anstrengungen des Erzählers, seine Kunst zu vervollkommnen, sind nicht erhalten, doch die Böden der bemalten Höhlen sind mit Anstrengungen übersät: den Übungsskizzen der Höhlenmaler, auf Scherben von zerbrochenem Ton. Die mußten lange üben, bis ihnen die Linie eines Rentierrückens in einem flotten Zug von der Hand ging.

Kontaktgefühl

Ich wundere mich über gewisse Maler, von denen ich gehört, von denen ich aber nie einen getroffen habe, die es zufrieden sind, nur für sich selbst zu malen, unbekümmert darum, ob sie nun eine Ausstellung haben oder nicht oder irgendmal ein Bild verkaufen. Das braucht schon allerhand Selbstgenügsamkeit. Ihr ganzes Vergnügen kommt offenbar von der Vervollkommnung ihres Werks vor ihren eigenen Augen, für sie allein. Das scheint seltsam, solange es noch Leute um sie herum gibt, von denen einige vielleicht eine erlesene Schar Freunde haben, denen sie das Werk gern zeigen würden. Doch ist die Vorstellung nicht unmöglich. Ich glaube, die Mehrzahl aller Schriftsteller würde auch unter den Bedingungen eines Robinson Crusoe, ohne jede Aussicht, ihr Leben lang je einen andern Menschen zu sehen, Gedichte, Geschichten und Bücher schreiben mit dem Gerät, das ihnen gerade zur Hand wäre. Schreiben ist ein Vorgang, die Erfahrung und das Leben selbst zu organisieren, und das Bedürfnis ist noch da, selbst wo ein Publikum fehlt. Dennoch, glaube ich, halten die meisten Maler und Autoren ihr Werk für etwas, das von vielen Leuten gesehen und gelesen werden soll, und dieses Gefühl eines Kontakts ist für ihre Moral sehr wichtig.

Für mich kam der erste Stoß in dieser Richtung wohl, als ich neun Jahre alt war. Mein Englischlehrer gab mir eine typisch lästige Aufgabe, einen Aufsatz über das Thema »Wie ich meine Sommerferien verbracht habe«. Noch scheußlicher wurde das, weil wir das Geschriebene vor der gesamten Klasse auswendig vorzutragen hatten. Gewöhnlich handelten unsere Aufsätze von Fahrradtouren, Rollschuhrennen oder wie einer sich eine Steinschleuder gebastelt hatte oder beim Büchsenwerfen auf den zweiten Platz gelangt war. Aber in jenem Sommer, als ich neun Jahre alt war, hatte ich etwas Aufregendes erlebt. Meine Familie war von New York nach Texas gefahren und zurück, und unterwegs hatten wir die Mammoth-Höhlen in Kentucky besucht. Ich erzählte von diesen Höhlen, die mich gewaltig beeindruckt hatten – wegen ihrer Ausdehnung, so daß man ihr Ende noch gar nicht gefunden hatte, und wegen der blumenartigen Gestaltungen des Kalksteins, dieser Blumen mit Staubbeuteln, Staubgefäßen, Blütenblättern und Stielen. Die Höhlen waren von zwei Jungen entdeckt worden, die einem Kaninchen nachliefen. Das Kaninchen verschwand in einer Erdspalte, und die Jungen folgten ihm und fanden sich in einer unterirdischen Welt – riesig, bunt, kühl und wunderschön. Als ich zu dieser Stelle kam, hatte sich die Stimmung im Klassenzimmer gewandelt. Alle hatten zuzuhören begonnen, weil sie interessiert waren. Ich war plötzlich unterhaltend geworden, und ich übertrug auch ein persönliches Gefühl auf alle. Ich vergaß meine Befangenheit, und mein kleiner Vortrag lief viel besser. Zum erstenmal erlebte ich, daß ich Freude durch eine Geschichte weitergab. Es war eine Art Magie, aber es konnte getan werden, und es war von mir getan worden. Das alles dachte ich damals noch nicht, und ich war fünfzehn geworden, als ich zuerst etwas zu meinem eigenen Vergnügen zu schreiben begann, und dann war es ein phantastisches romantisch-episches Gedicht, etwas von der Art der *Idylls of the Kings* von Tennyson.

Die Haken

Vielleicht ist es unsinnig, ein Kapitel »Haken« zu nennen und die Haken alle aufführen und in ein paar Seiten abhandeln zu wollen. Potentielle Haken kommen ja überall vor, sogar gleich am Anfang, wenn man einen langweiligen Satz geschrieben hat, unzufrieden ist und eine Pause macht. Haken bringen Pausen verschiedener Art und verschiedener Länge mit sich. Kleinere Haken, etwa ein langweiliger Satz, können in zwei Minuten dadurch beseitigt werden, daß man den Satz neu schreibt; es gibt aber auch größere, mit denen man sich sozusagen in eine Ecke schreibt. Die großen Haken treten in der zweiten Buchhälfte auf und können tage- und wochenlange qualvolle Pausen verursachen. Man hat dann das Gefühl, in einer Falle zu stecken, Hände und Gedanken sind gefesselt, die Personen gelähmt, die Story liegt im Sterben, bevor sie fertig ist. Das Heilmittel für so etwas kann der Entschluß sein, auf die ursprüngliche Idee zurückzugehen, auf die Gedanken von damals, ehe man das Buch zu schreiben begann. Was hat einen gedrängt, das Buch zu schreiben? Man kann sich sogar fragen: ›Was will ich eigentlich passieren lassen?‹ und kann dann die Dinge so arrangieren, daß alles richtig passieren kann. Das bedeutet vielleicht, daß man den Plot oder einen Charakter ein wenig, oder auch beträchtlich, ändern muß, und das ist natürlich die längste der Operationen. Hat man sich nur an einem Vorfall festgefahren, einem Ereignis, das das Buch beschließen oder den Helden entlasten soll, dann ist die Operation weniger langwierig.

Beim Schreiben von *Der talentierte Mr. Ripley* geriet ich etwa zwanzig Seiten vor dem Ende an so einen Haken. Ich suchte nach einem Vorfall, der für Ripley bedrohlich aussehen, der ihn aber in den Augen der Polizei entlasten sollte. Mir fiel dazu einfach nichts ein – fast drei Wochen lang fiel mir nichts ein. Allmählich hatte ich das Gefühl, meine Erfindungsgabe habe mich verlassen. Ich probierte jede Methode aus, die ich kannte: ich überlegte, ich überlegte nicht, ich las die vorangehenden fünfzig Seiten durch, aber nichts half. Alles kam mir wie Zeitverschwendung vor, und so fing ich an, den ersten Teil in Reinschrift zu tippen – samt Durchschlag. Diese halbmechanische Arbeit, die aber doch mit dem Buch zu tun hatte (denn ich machte natürlich beim Schreiben auch Verbesserungen), muß wohl das Ei des Columbus gewesen sein, denn ich kam auf die Lösung, als ich drei oder vier Tage lang getippt hatte. Sie bestand darin, daß der Bindfaden um die von Greenleaf gemalten und signierten Ölbilder sich löste, und zwar löste er sich im Lagerraum der American Express in Venedig, wo Ripley die Bilder deponiert hatte. Die Fingerabdrücke auf diesen Bildern sind angeblich die von Greenleaf, denn er soll die Bilder vor seinem »Selbstmord« in Venedig hinterlegt haben. In Wahrheit war aber Greenleaf damals schon seit Monaten tot. Die Fingerabdrücke auf den Bildern sind die gleichen wie die in Greenleafs Wohnung in Rom, und niemand verdächtigt Ripley, in dieser Wohnung gewesen zu sein. Nach Ansicht der Polizei ist das also ganz in Ordnung – obwohl die Abdrücke alle von Ripley stammen. Ripley ist nun entlastet, und damit nicht genug: er erntet Dank und Segen von Greenleafs Vater, plus Greenleafs Einkünfte auf Lebenszeit. Ende der Geschichte.

Was in einer Story passieren soll, hängt ab von der Wirkung, die der Autor erzielen will: Tragödie, Komödie, Melancholie oder sonstwas. Über die Wirkung, die man erzielen will, soll man sich klar sein, bevor man mit dem Buch beginnt. Ich sage das hier noch einmal, weil es bei einem Haken nützlich sein kann. Wenn man noch einmal zu der beabsichtigten Wirkung zurückkehrt, dann steht einem oft das Ereignis oder die Veränderung des Plots gleich wieder vor Augen.

Während ich dieses Buch schreibe, bleibe ich immer wieder hängen an einer ganzen Anzahl ärgerlicher, aber voraussehbarer Haken. Es sind kleine Haken. Was kommt als nächstes? Gehört nicht diese oder jene Bemerkung in ein vorangegangenes oder ein späteres Kapitel? Manchmal habe ich das Gefühl, daß mir eine Menge einfällt, und dann wieder komme ich mir völlig leer vor. Das liegt daran, daß ich bei dem ganzen Projekt mein Gehirn zu benutzen versuche anstatt einer unbewußten Kraft, vor allem aber daran, daß das Buch keinen Handlungsfaden hat, der mich durch den kleinen Irrgarten leitet. Wenn mir das bei einem Roman passierte, dann wüßte ich: es kommt daher, daß ich die unmittelbar vor mir liegenden Ereignisse nicht sehe (ich würde dann aufhören und mir lieber die nächsten dreißig oder vierzig Seiten überlegen), oder auch daher, daß ich einen oder mehrere der Personen zwinge, etwas zu tun, was ihnen gegen den Strich geht. Aber es kann auch daran liegen, daß der Plot völlig unlogisch ist und nicht mal mich überzeugt.

Es mag sein, daß sich die Art, wie ich plane und schreibe, reichlich unbekümmert anhört, aber an einem halte ich fest: ich bin im Geist immer ein Kapitel weiter als das, an dem ich schreibe, und das ist gewöhnlich mehr als eine Tagesarbeit. Es gibt Anfänger, die mit Siebenmeilenstiefeln ausschreiten und im Handumdrehen zweihundert Seiten füllen; dann sitzt aber sehr lange ein Lektor an dem Buch, der die eigentliche Arbeit macht und dem Schreiber Widersprüche und Ungereimtheiten nachweist. Ein Autor, der so schreibt, ist sowohl faul wie unempfindlich. Er muß jederzeit ein Gefühl haben für die Wirkung, die er auf dem Papier schafft, für die Plausibilität dessen, was er schreibt. Er muß spüren, wenn da etwas schiefläuft, genauso schnell wie ein Mechaniker ein falsches Geräusch in einer Maschine wahrnimmt, und er muß es korrigieren, bevor es schlimmer wird.

Ist eine Suspense Story so logisch wie möglich konzipiert, dann sollte die Niederschrift leichter vor sich gehen als die eines Romans. Das liegt an dem starken Handlungsfaden. Die Autoren normaler Romane haben eher abstrakte Probleme: eine Figur, die sich nicht nach dem Plot des Verfassers richten will, oder die Lösung eines moralischen Problems, die bei der Skizzierung ganz in Ordnung schien, die aber nicht mehr echt wirkt, wenn man sie niederschreibt. Die Probleme des Suspense-Autors sind oft konkret und befassen sich etwa mit der Geschwindigkeit eines Zuges, mit einer polizeilichen Prozedur, mit der tödlichen Wirkung von Schlaftabletten, mit den Grenzen physischer Kraft und dem angemessenen Höchstmaß an polizeilicher Dummheit oder Intelligenz. Geographie muß zuweilen verändert, Entfernungen gekürzt oder verlängert werden. Der Held muß vielleicht ein besonderes Talent oder Handicap haben, etwa scharfe Augen oder Ohren, morbide Angst vor Motten oder Schmetterlingen. Und das muß sehr früh im Buch vermerkt werden, wenn man es später benutzen will.

Der häufigste Haken für den Anfänger kann in Form der Frage auftauchen: ›Was muß jetzt geschehen?‹ Das ist eine ganz schreckliche Frage, die den Schreibenden zuweilen vor Lampenfieber zittern läßt; er hat dann das Gefühl, nackt auf einer Bühne zu stehen ohne eine Ahnung, womit er die Menschenmenge vor sich unterhalten soll. Plötzlich sieht er sich gezwungen, über etwas nachzudenken, das er bestimmt nicht durch Nachdenken erreicht hat, denn Inspiration und der Keim einer Idee stellen sich niemals durch Nachdenken ein. Oft weiß er ungefähr, was jetzt oder sehr bald passieren muß; er hat seine Story durchaus im Kopf, aber er kann sich nicht entscheiden, welche Szene oder welches Ereignis als nächstes geschrieben werden muß. Das ist nur ein Problem der Folgerichtigkeit, also ein recht einfaches, aber es ist ein dramatisches und daher kreatives Problem. Wenn alles Nachdenken nichts hilft, soll man aufhoren und irgendwas anderes tun – vielleicht den Wagen waschen – und dabei die drei Dinge frei im Kopf umherschweifen lassen. Ein Schriftsteller weiß vor seinem geistigen Auge genau, wie eine Kette von Ereignissen dramatisch-natürlich und deshalb folgerichtig ablaufen muß. Bei allen Dramatikern, angefangen mit den größten – Äschylos und Shakespeare – bis hinab zu erfolgreichen Routiniers, zeigt sich diese dramatische Aufstellung von Ereignissen, die oft dem Instinkt zugeschrieben wird, tatsächlich aber ein Produkt von Erfahrung und auch von Disziplin ist. Schriftsteller sind Entertainer: sie genießen es, Dinge in reizvoller und amüsanter Form darzubieten, damit Zuschauer oder Leser überrascht aufblicken, Anteil nehmen und ihren Spaß an der Darbietung haben.

Welcher Standpunkt?

Wenn aber eine Story sich absolut nicht von der Stelle rühren will und sich anfühlt wie ein starres Knäuel, dann soll man versuchen, zur Technik des Planens zurückzukehren: mögliche Lösungen des Problems ausdenken, Action hineinbringen, um die Story weiterzutragen, sogar wilde und unlogische Lösungen und Actions, denn sie können manchmal logisch gemacht werden. Ist auch das vergeblich, ist es ratsam, die ganze Sache eine Weile zu vergessen, vielleicht sogar so zu tun, als sei es einem egal, ob das Buch jemals fertig wird oder nicht. Man kann dann ein paar Tage im Haus herumstreunen und gar nichts tun, oder im Garten arbeiten, Klavier spielen oder sonstwas machen, das einen ablenkt. Nur ist so ein Haken im Buch ein schwelendes Problem, das gelöst werden muß. Natürlich kann man es sehr leicht beiseite schieben, wenn man an dem Buch innerlich nicht wirklich beteiligt ist. Ist man das jedoch und liebt man sein Buch, dann wird das Unbewußte auch mit der Lösung des Problems auf den Plan treten.

Manchmal stellt ein Schriftsteller etwa auf Seite zwanzig fest, daß er seine Geschichte vom falschen Standpunkt aus erzählt. Ich glaube, für viele Anfänger wird der Standpunkt geradezu zum Alptraum, weil so viel Beängstigendes darüber gesagt worden ist. Dabei kommt es bei der Frage, durch wessen Augen die Geschichte betrachtet werden soll, einzig und allein darauf an, daß man sich beim Schreiben wohl und zufrieden fühlt. Darüber hinaus muß man nur noch überlegen, welche Art von Geschichte es ist. Läßt sie sich besser aus der Kulisse erzählen oder durch die Augen eines Beteiligten?

Die erste Person Singular ist die schwierigste Form für einen Roman, darüber sind sich offenbar alle Schriftsteller einig, selbst wenn sie sich hinsichtlich des Standpunktes über nichts anderes einig sind. Ich bin bei Erste-Person-Singular-Büchern zweimal versackt, und zwar so gründlich, daß ich es aufgab, die Bücher zu schreiben. Woran es lag, weiß ich nicht, nur daß ich es satt hatte, das Pronomen ›ich‹ zu schreiben, und außerdem hatte ich das idiotische Gefühl, daß die Schreibende hier am Schreibtisch saß und alles schrieb. Fatal. Auch sehe ich mir das Innenleben meiner Helden immer genau an, und wenn man alles in der ersten Person schreibt, dann hören sie sich an wie hinterhältige Ränkeschmiede. Was sie ja auch sind, nur klingt es etwas weniger abstoßend, wenn ein allwissender Autor erzählt, was in ihren Köpfen vor sich geht.

Vielleicht weil er mir rundherum leichter fällt, ist mir der Standpunkt der Hauptperson am liebsten, geschrieben in der dritten Person Singular – und dazu noch männlich, weil ich das sicher unbegründete Gefühl habe, daß Frauen nicht so aktiv und auch nicht so waghalsig sind wie Männer. Ich weiß sehr wohl, ihre Aktivität muß nicht physisch sein, und als motivierende Faktoren können sie durchaus noch vor den Männern rangieren; aber für mich sind es doch eher Frauen, die sich von Menschen und Umständen herumschubsen lassen anstatt selber zu schubsen, und die eher sagen: ›Ich kann nicht‹ als ›Ich will‹ oder ›Ich werde‹.

Der weitaus leichteste Standpunkt (ich mag das kaum sagen) ist wohl der einer nicht-kriminellen Figur in einer Story, in der er oder sie den Verbrecher gegen sich hat. Natürlich muß sich der Autor mit der Person identifizieren, durch deren Augen die Geschichte erzählt wird, denn ihre Gefühle, Gedanken und Reaktionen sind das Lebenselixier der Handlung. Damit ist nicht gesagt, daß diese Person eins ist mit der Action der Geschichte. Ich kann mir durchaus eine Suspense-Story vorstellen, die durch die Augen eines todkranken alten Mannes oder einer alten Frau betrachtet und erzählt wird, einfach eines Beobachters der Ereignisse. Doch auch ein Suspense-Roman ist, wie jeder Roman, etwas Emotionales; es sind die fünf Sinne plus der Intellekt, der Urteile fällt und Entscheidungen trifft, auf die es bei der Form eines richtigen Buches ankommt.

Suspense-Autoren wählen als Standpunkt gern den eines recht aktiven Menschen – einen Mann, der zu rennen, kämpfen und wenn notwendig zu schießen versteht. Auf die Dauer kann das sowohl Leser wie Autor langweilen. Ich habe schon ein paarmal daran gedacht, einen Thriller vom Standpunkt der Leiche aus zu schreiben. »Hier spricht die Leiche.« Und die Leiche erzählt dann die Story und was sich vor ihrem Tod ereignet hat, mit allen Details von Sterben und Tod und was auch nachher noch passiert. Zwecklos zu fragen, wie eine Leiche so was fertigbringt; in einem Roman brauchen logische Fragen nicht immer beantwortet zu werden. Nur ist meine Idee nicht ganz originell, sie ist schon von mehr als einem halben Dutzend Krimi-Autoren verwendet worden, wie der Kritiker Anthony Bucher festgestellt hat. Er fügte hinzu: »Immer wieder kommt jemand auf diese Idee und hält sie für neu und glänzend.«

Man sollte auch den Standpunkt des Zuschauers nicht vergessen, oder wie brillant ihn etwa Henry James in *Die Drehung der Schraube* verwendet hat. Ich kann mir zwar nicht vorstellen, wie sich die Erzieherin in der Kissenschlacht mit den beiden Kindern behaupten konnte, aber bei dem Gedanken an ihre Reaktion auf die Dinge, die sie sah oder zu sehen meinte, sträuben sich mir die Haare.

Ich nehme am liebsten zwei Standpunkte für einen Roman, aber nicht immer gelingt es mir. In *Tiefe Wasser* hätte ich vom Standpunkt des Ehemannes Vic umschalten können auf den der Ehefrau, wenn ich das gewollt hätte. Man erkennt aber in dem Roman ihre etwas primitiven Gedanken und Wünsche so genau, daß nur sehr wenig Information oder Abwechslung für das Buch herausgekommen wäre, wenn man alles durch ihre Augen gesehen hätte. Andererseits erhöht sich die Dichte der Story, wenn man das ganze Buch hindurch an einem einzigen Blickpunkt festhält, wie ich es in *Der talentierte Mr. Ripley* getan habe, und diese Dichte kann und muß die mögliche Monotonie des Einpersonen-Standpunktes wettmachen. Nimmt man zwei Standpunkte, wie es in *Zwei Fremde im Zug* geschah, nämlich die der beiden jungen Hauptfiguren, die so völlig verschiedene Menschen sind, und ebenso in *Der Stümper* mit Walter und Kimmel, zwei ganz ungleichen Charakteren, so kann das eine sehr unterhaltsame Abwechslung bei Stimmung und Gangart bringen. Deshalb ist mir, wenn die Story es verträgt, der Zweipersonen-Standpunkt lieber.

In einem Frauenmagazin las ich vor kurzem eine Story, die vom Standpunkt des Vaters erzählt wurde. Seine junge Tochter war im Begriff, sich Hals über Kopf in einen älteren Mann zu verlieben, der sie faszinierte. Solche Stories beginnen gewöhnlich so: »Ich bin nur ein Mann und weiß deshalb nicht alles, aber...« Die Leser lesen dann sicher begierig weiter, nur weil der Erzähler ein Mann ist und vermutlich Dinge weiß, die sie nicht wissen. So ging die Story über etwa zwei Seiten hinweg glatt weiter, dann folgte eine romantische Szene mit der Tochter und dem älteren Mann auf einer Terrasse im Mondschein, mit direkter Rede, und da konnte nun der Vater unmöglich dabei gewesen sein. Der Autor sagte aber auch vorher kein Wort davon, daß er die Unterhaltung erfinden werde, und ich hatte die Szene schon halb gelesen, bevor mir die Tatsache klar wurde. So geht's zu in populären Romanen.

Warum überhaupt nachdenken über den Standpunkt? Man könnte ja auch einen Spucknapf in der Ecke reden lassen. Da ich aber nun mal Schriftstellerin bin, stutzte ich schließlich doch angesichts der Behandlung dieser Story, und ich blätterte zurück, um zu sehen, wie der Autor die Sache bewältigt hatte. Überhaupt nicht: er hatte einfach angefangen, die Szene auf der Mondscheinterrasse zu schreiben. Das Resultat ist lesbar – besonders wenn man die Lektüre mal unterbricht, um die Suppe umzurühren –, aber emotional gesehen wurde die Story von diesem Bruch, dem unerklärlichen und unverzeihlichen Bruch im Standpunkt, erheblich geschwächt. Es war etwas mehr an dichterischer Freiheit, als sich ein Schriftsteller erlauben darf – nämlich die häßliche Verunstaltung einer Kurzgeschichte. Natürlich wurde die Terrassenszene geschrieben, um das Buch verkäuflich zu machen, denn die meisten Leser wollen die beiden romantischen Protagonisten in Aktion sehen und nicht die Analyse des Vaters von der ganzen Sache lesen. Es hätte sie auch bestimmt gegen den Vater eingenommen, wenn er offen eingestanden hätte: »Ich habe gelauscht – ich hatte mich an dem Abend in der großen Vase auf der Terrasse versteckt und...«

Eine Story emotional »erfühlen«

Wenn ein Autor nach dreißig oder vierzig Seiten gründlich steckenbleibt und das ganze Produkt ihm zuwider ist, so kann das daran liegen, daß er sich nicht mit der Person identifiziert, durch deren Augen und mit deren Gefühlen er die Story erzählen will. Erfahrene Schriftsteller haben gelernt, so etwas sofort, schon auf der ersten oder zweiten Seite, zu erkennen; oft spüren sie es auch schon beim Überlegen – das heißt, während sie versuchen, die Story emotional zu erfühlen – bevor sie mit dem Schreiben anfangen. Ich hatte vor ein paar Jahren so ein Problem mit einer Kurzgeschichte: es ging um eine fünfundvierzigjährige Frau aus München, die in ein österreichisches Wintersporthotel fährt mit der Absicht, sich in einigen Tagen das Leben zu nehmen. Sie ist keineswegs melancholisch, sondern strahlt Freude aus, in ihren Augen steht ein ruhiges Glück, das sie im Hotel für alle anziehend macht, Männer wie Frauen, alte und junge. Sie ist einfach mit sich ins reine gekommen, mit dem, was ihr das Leben gebracht hat, und obgleich sie Menschen immer gern gehabt hat, bedarf sie ihrer nicht mehr. Das ist das Thema der Story. Deshalb fühlen sich die Menschen zu ihr hingezogen: sie spüren, daß sie, emotional gesprochen, nichts von ihnen fordert.

Für diese Geschichte schrieb ich zwei Anfänge, einen von sechs und einen von zwölf Seiten. Keiner hörte sich echt an. Der Stil schien gezwungen, unsicher, völlig leblos, und dabei wollte ich gerade ein Gefühl von Leben vermitteln und von Liebe zum Leben, selbst in der Frau, die das Leben verlassen wollte. Ich erzählte einem Freund, wie bestürzt ich über mich selber war, weil ich diese Story mit dem so vielversprechenden Thema nicht in den Griff bekam. Manchmal war ich deprimiert und meinte, das Thema sei eben besser als ich, die Schriftstellerin, obwohl ich es mir ausgedacht hatte. Henry James oder Thomas Mann hätten mit Leichtigkeit darüber schreiben können, nicht aber ich. »Vielleicht könnte ich es vom Standpunkt eines Hotelgastes aus schreiben, der sie beobachtet«, sagte ich, aber auch das machte mir nicht viel Hoffnung. Dann schlug mein Freund, der kein Schriftsteller ist, vor, ich solle es doch vom Standpunkt des allwissenden Autors versuchen.

Das war doch wenigstens eine Idee. Bei dem Wort »allwissend« dachte ich an Objektivität: der allwissende Autor betrachtet die ganze Sache sozusagen aus der Entfernung. Ich machte mich von neuem an die Story und versetzte mich in Gedanken »in die Entfernung«, obgleich ich tatsächlich immer noch alles durch die Augen meiner Heldin schrieb. Geholfen hatte mir nur das Wort »allwissend«. Ich brauchte nicht mehr vorauszusetzen, ich müsse in der Hauptperson drinstecken, in einer Frau am Rande des Selbstmords. Ich habe niemals am Rande des Selbstmords oder auch nur in der Nähe gestanden, und das eben hatte mir bestimmt das Schreiben erschwert. Für mich wäre es eine immense Aufgabe, mir den Verzicht auf die Welt – und das ist ja Selbstmord – vorzustellen; wenn ich das richtig machen wollte, würde es mich sehr viel Zeit und Mühe kosten. In diesem Fall machte ich es mir also leicht und gab keine Erklärung für den Geisteszustand der Frau. (›Niemals erklären und niemals sich entschuldigen‹, hat mal ein englischer Diplomat gesagt; und Baudelaire meinte, das einzige Gute an einem Buch seien die nichtgegebenen Erklärungen.) Ich sagte nur, daß ihr Mann und ihr Sohn am Leben seien und ihr nicht im mindesten glichen, und daß sie sich seit Jahren auseinandergelebt hatten.

Allerdings bin ich auch niemals in Versuchung geraten, einen Mord zu begehen, kann aber trotzdem darüber schreiben – vielleicht, weil Mord häufig ein Schritt ist, der auf Zorn folgt, ein Schritt, der bis zur geistigen Umnachtung oder temporären Umnachtung gehen kann.

Meine Story von der Frau, die sich das Leben nahm, heißt *Nothing That Meets the Eye*. Es ist immer hübsch, wenn man sagen kann, daß eine Story in drei Anthologien aufgenommen wurde, aber diese Story hat niemals einen Käufer gefunden.

Bei ersten schriftstellerischen Versuchen wird die Wahl des Standpunktes unvermeidlich von der Persönlichkeit des Autors abhängen, von dem Leben, das er geführt hat, von der Frage, wo und wie er erzogen wurde, also von den persönlichen Details seines Lebens. Natürlich tut er gut daran, zunächst den Standpunkt von Menschen zu wählen, die ihm emotional ähnlich sind. Nach einiger Übung im Ausmalen und Phantasieren kann er es dann wagen, sich in die Persönlichkeiten vieler Arten von Menschen zu versetzen, die anders sind als er: Farmer, junges Mädchen, Kind, Matrose oder fast jeder, der ganz anders ist als er. Man könnte sogar die Persönlichkeit einer Katze annehmen, wie es Paul Gallico tat in seinem Buch *Miau sagt mehr als tausend Worte*, Geständnisse einer Katze.

Viele Haken peinigen den Schreibenden eher im Kopf als auf dem Papier. Er wird langsamer oder hält an, ohne recht zu wissen, was da los ist. Oft überkommt ihn ein vages Gefühl von Unsicherheit, er meint abzudriften, die Geschichte ist nicht mehr gut oder überzeugend. So war mir einmal kurze Zeit zumute, als ich *Der Geschichtenerzähler* schrieb und an die Stelle kam, wo Alicia, die Ehefrau, so verstört wurde, daß sie sich von der Felskante hinabstürzte. Mein Fehler war dies: ich hatte in dem Buch nicht früh genug vermerkt, daß sie ein Mensch war, der unter starkem Druck zusammenbrechen konnte. Sie stürzte sich dann tatsächlich hinunter, aber ich mußte es früher im Buch als logisch darstellen, daß sie dazu fähig war und es dann auch tat. Das ist ein einfaches Beispiel dafür, wie man sich festfahren kann und wie es in der einen oder anderen Form sehr häufig vorkommt: der Autor hat nicht früh genug den Grundstein gelegt für das, was er später in der Geschichte geschehen lassen will.

Gebrauch der Sinne

Nichtbeachtung von Atmosphäre ist eigentlich kein Haken, und doch kann sie einem Schriftsteller das Gefühl geben, er bewege sich auf dünnem Eis, ohne daß er weiß, warum. Mir fällt keine Faustregel für die Schaffung von Atmosphäre ein, aber da sie durch alle fünf Sinne und vielleicht sogar durch einen sechsten wahrgenommen wird, sollte man die Sinne schon benutzen. Der Geruch in einem Haus, die vorherrschende Farbe in einem Zimmer – olivgrün, graubraun oder heiteres Gelb. Und Geräusche: eine Blechdose, die die Straße hinuntergeweht wird; ein Kranker, der in einem Nebenzimmer hustet, der Mischgeruch von Medikamenten – oft vor allem Kampfer – in den Zimmern vieler alter Leute. Oder ein Landbesitz, wo nichts falsch oder bedrohlich erscheint und wo einen ganz grundlos das Gefühl überkommt, die Bäume seien im Begriff umzufallen und das Haus zu zertrümmern.

Vor Jahren besuchte ich einmal Freunde von Freunden in einem zweistöckigen Haus in der Nähe von New Orleans. Das Haus war ganz neu, die beiden jungen Leute, die dort wohnten, hatten es eben fertig gebaut und hatten gerade geheiratet, aber ich weiß noch, daß ich das Gefühl hatte, im Treppenhaus, im Wohnzimmer und auf dem Flur oben spuke es. Ich glaube nicht an Geister, trotz all der Geschichten, die das wahrhaben wollen, deshalb war mein Gefühl um so seltsamer. Ich habe niemand etwas davon gesagt. Es war nicht so sehr das Gefühl eines geisterhaften Wesens, das die neue teppichlose Kiefernholztreppe herabkommen konnte, als vielmehr eine Ahnung von etwas Düsterem und Tragischem, das noch bevorstand. Ich habe die Leute nie wieder gesehen und auch nie wieder von ihnen gehört. Es wäre wirklich unheimlich, wenn sie beide ein paar Monate später durch einen Autounfall ums Leben gekommen wären.

Andere Berufe

Ein Schriftsteller sollte jede Gelegenheit ergreifen, um sich ein Bild zu machen von den Berufen anderer Menschen, vom Aussehen ihrer Arbeitszimmer, von ihren Gesprächen. Die Berufe der Personen einer Story zu variieren, das ist eine der schwersten Aufgaben für einen Schriftsteller, wenn er nach drei oder vier Büchern die paar Berufe, die er kennt, aufgebraucht hat. Nicht viele Schriftsteller haben die Möglichkeit, etwas über neue Berufsarten zu erfahren, nachdem sie selber vollberufliche Schreiber geworden sind. In einer kleinen Stadt, wo jeder jeden kennt, ist so etwas vielleicht leichter. Der Tischler nimmt den Schriftsteller gelegentlich mal mit, wenn er auswärts zu arbeiten hat. Ein befreundeter Rechtsanwalt kann ihn manchmal in seiner Kanzlei sitzen und einiges notieren lassen. Ich habe einmal während der Hochsaison zu Weihnachten in einem Warenhaus in Manhattan gearbeitet. Da war der Schauplatz ein Chaos von Details, Geräuschen, Menschen und einem neuen, ziemlich hektischen Tempo: ein endloser Strom kleiner Dramen, die man bei Kunden, Mitarbeitern und den recht selbstherrlichen Managern beobachten konnte. Diesen neuen Schauplatz habe ich in meiner Schreiberei voll ausgenutzt. Als Schriftsteller sollte man sich auf jede neue Szene stürzen, die einem in den Weg kommt, sich Notizen machen und sie an der richtigen Stelle verwenden. Das gleiche gilt für neue Städte, Großstädte und Länder, ja sogar für neue Straßen. Eine verwahrloste Straße irgendwo, voll von Mülleimern, Kindern und streunenden Hunden, ist für die Phantasie ein ebenso fruchtbares Feld wie ein Sonnenuntergang am Kap Sunion, wo Byron seinen Namen in eine der Marmorsäulen des Apollotempels eingeritzt hat.

Die zweite Fassung

Früher habe ich immer eine vollständige zweite Fassung gemacht, und darauf eine dritte, mit zwei Kopien: das war die Reinschrift. Seit kurzem bin ich etwas sattelfester und brauche nicht mehr jede Seite des ersten Entwurfs für die zweite Ausfertigung neu zu schreiben. Trotzdem gibt es bei mir immer noch das Stadium der »zweiten Fassung«, in dem das korrigierte Manuskript keine Kopie hat.

Bevor man mit der zweiten Fassung beginnt, muß man zunächst den ersten Entwurf durchlesen, und zwar so, als wäre man ein Leser und hätte das Buch nie zuvor gesehen. Ganz gelingt das meist nicht, aber man sollte es so gut wie möglich versuchen. Dabei ist es ratsam, sich nicht zu lange mit dem Versuch aufzuhalten, ein Adjektiv oder ein Verb zu verbessern; lieber lese man zügig weiter, um die Gangart der Handlung zu erkennen, zu spüren, wo sie schleppend wird, zu sehen, wo sie unklar ist oder wo ein emotionaler Bruch in der Entwicklung der einen oder anderen Figur besteht. Entdeckt man solche Fehler, so springen sie so stark ins Auge, – wie eine laut geäußerte Kritik, die einen zusammenfahren läßt –, daß man sich darüber meistens keine Notizen zu machen braucht; andererseits schadet es aber auch nicht, vorausgesetzt die Notizen sind nicht zu lang und halten einen nicht zu lange vom Lesen ab. Es mag genügen, daß man sich die Seitenzahl aufschreibt. Wenn einem bei diesem ersten Durchlesen Sätze unnötig oder überflüssig vorkommen, gleich ausstreichen, denn später werden sie doch gestrichen. Es kostet nicht viel Zeit, einen Satz mit dem Bleistift auszustreichen, und man hat dann die richtige Gentleman-Einstellung zur eigenen Prosa – denn heilig darf sie einem nicht sein.

›Mehr Einzelheiten beim Rückblick vom Picknick auf Seite 66‹ – so etwa sieht eine Notiz aus, die nützlich sein kann, denn so etwas vergißt man leicht und merkt es auch beim zweiten Durchlesen nicht. Vor allem soll man den allgemeinen Eindruck feststellen, den das Buch in seiner jetzigen Form macht. Ist der Held vielleicht zu prüde, hart, humorlos, egoistisch? Ist er bewundernswert, falls er bewundernswert sein soll? Ist der Leser an ihm interessiert?

Gernhaben und interessiert sein

Diese letzte Frage soll man ehrlich beantworten. Am Helden interessiert sein ist nicht dasselbe wie ihn gernhaben. Interessiert sein bedeutet, daß es einem nicht egal ist, ob er straffrei ausgeht oder ob er am Ende zu Recht gefaßt wird. Es bedeutet, daß man sich für sein Geschick interessiert und für oder gegen ihn Partei ergreift. Es hängt ab von der Gewandtheit des Autors, ob der Leser sich für Figuren interessiert. Zuallererst muß sich der Autor für sie interessieren. Genau darum geht es im wesentlichen bei dem etwas altmodischen Wort »Integrität«. Gute Vielschreiber interessieren sich vielleicht überhaupt nicht für ihren Helden, vermitteln aber durch geschickte Methoden die Illusion von Interesse und überzeugen auch noch den Leser davon, er sei an dem Helden interessiert. Sich für einen Charakter zu erwärmen – ob Held oder Bösewicht –, das erfordert Zeit und auch eine Art Zuneigung. Besser gesagt: die Zuneigung braucht Zeit und Erfahrung, die wiederum Zeit kostet. Und eben die haben Vielschreiber nicht.

Ab und zu sollte man an die Malkunst denken. Wenn ein Maler ein Porträt malt und ihm daran liegt, daß es gut wird, dann wirft er nicht schnell ein Oval für den Kopf auf die Leinwand und setzt dazu zwei Punkte für die Augen undsoweiter. Er sieht sich an, worin sich die Augen des Modells von den Augen anderer Menschen unterscheiden; er macht sich auch die Mühe, auf der Palette fünf oder sechs Farben für Haare und Haut auszusuchen: weiß, grün, rot, braun und gelb. Die gleiche Sorgfalt sollte der Schriftsteller bei der Beschreibung von Gesicht und Aussehen seiner Hauptfiguren aufwenden, nur muß er sich dabei kurz fassen (was schwieriger ist als ausführlich) – so kurz wie er kann, und trotzdem muß er es im Gedächtnis des Lesers verankern.

Ich weiß, viele Autoren sind hier anderer Ansicht; ihnen ist es völlig egal, welche Haarfarbe ihre Helden haben, weil das für sie keine Rolle spielt. Ein Mann ist mittelgroß und dunkelhaarig: das genügt ihnen. Ich erwähne hier nur, wie es mir lieber ist. Ich habe sogar kürzlich eine sehr lobende Kritik eines Suspense-Buches gelesen, in dem über die äußere Erscheinung der Charaktere und über ihr Milieu kein Wort gesagt worden war. Ausschließlich durch Action wurde gezeigt, wie sie waren. Etwas später las ich eine andere Kritik des gleichen Buches, die es keineswegs lobte, sondern betonte, die Menschen seien verschieden, jeder habe ein Milieu für sich, und in einem guten Buch dürften diese Fakten nicht ausgelassen werden. So geht das kleine Schlachtgetümmel weiter.

Polieren zahlt sich aus

Habe ich einmal einen ersten Manuskriptentwurf durchgelesen, so habe ich eine Liste mit – sagen wir – fünf Punkten vor mir, um die ich mich nun kümmern muß, zum Beispiel: seltsamer Stil, zu kurzer Abschnitt, zu wenig betontes Detail. Dazu im Kopf eine Anzahl Sachen wie »schrecklich langweilig, als er alte Tante besucht«. Meiner Ansicht nach ist Langeweile in einem Abschnitt ein so gravierender Fehler, daß man ihn nicht vergißt. Wenn ich nicht emotional erschöpft bin an diesem Tag (und das Durchlesen des eigenen Manuskripts kann wirklich erschöpfen), dann gilt es, das größte Problem zuerst in Angriff zu nehmen. Ist das gelöst, so fühle ich mich schon besser. Die Korrektur großer Probleme nimmt aber manchmal ganze Tage in Anspruch, besonders wenn ich mit einer neuen Idee auf den Plan treten muß. Das ist in diesem

Stadium ganz sicher mit viel neuer Tipparbeit verbunden. Ist eine Seite am Ende voll von korrigierten Worten und eingefügten Sätzen undsoweiter, dann tippe ich sie noch mal, einfach weil es sauberer aussieht. Selbst wenn ich noch alles lesen kann, so bin ich vermutlich doch der einzige Mensch auf der Welt, der das kann, und auch nicht allzu leicht.

Ich gönne mir Zeit, wenn ich unordentliche Seiten umschreibe. Die zweite Niederschrift wird beim Schreiben geformt, und die ganze Zeit poliere ich am Text, verbessere hier und da ein Wort, das stehengeblieben war, als ich mit Bleistift den ersten Entwurf verbesserte. Dieses Polieren kann bis zum letzten Moment fortgesetzt werden, bevor das Manuskript an den Verlag abgeht. Und selbst wenn es angenommen ist, kann man immer noch daran verbessern und polieren, bis es in Druck geht. Lyriker feilen und polieren ständig – ich habe von einigen gehört, die noch an der Druckseite herumpolieren. Ihnen sind Worte so wichtig wie niemandem sonst.

In allererster Linie muß man immer und überall auf Klarheit achten. Sie ist auch der beste Wegweiser zu gutem Stil, und in einem Thriller ist sie lebenswichtig. Verschwommene Sätze müssen schon beim Durchlesen der ersten Fassung geklärt werden; wenn das beim ersten Lesen zu viel Zeit kostet, schreibt man besser »unklar« an den Rand, damit man später darauf zurückkommt.

Oft stelle ich fest, daß mein Roman gewinnt, wenn ich einen oder zwei Sätze am Ende eines Kapitels streiche – Sätze, um die ich mir beim ersten Ausdenken vielleicht viel Mühe gegeben hatte, weil ich fand, das Kapitel brauche sie zur Abrundung. Hier ist ein Beispiel:

> »Und so verließ X. betrübt das Haus. Er wußte nun, was er hatte feststellen wollen.«

Der Leser, der das vorangehende Kapitel gelesen hat, sollte wissen, daß X. nun weiß, was er hatte feststellen wollen. Und man darf auch annehmen, daß ein Mann ein Haus verlassen kann oder es schließlich verlassen wird, wenn er dort nicht wohnt und woanders ein Zuhause hat.

Hat man nach ein- oder zweimaligem Durchlesen sehr viel gestrichen, so wird man die Seiten neu numerieren und dabei abschätzen wollen, um wieviel jetzt jede Seite gekürzt wurde. Das ist wichtig, wenn man sich eine feste Seitenzahl vorgenommen hat, weil ein bestimmter Verlag eben diese Anzahl Seiten – und nicht mehr – wünscht. Verleger schrecken oft zurück vor sehr umfangreichen Büchern, weil sie die Produktionskosten und dadurch den Verkaufspreis des Buches erhöhen und den Absatz drosseln. Andere Verleger können ein kurzes Buch nicht in ihr Programm einfügen, deshalb ist es in Amerika ratsam, sich eine bestimmte Länge vorzunehmen, wenn man mit einem Taschenbuchverlag abschließen will, und vielleicht eine andere Länge für einen Hardcover-Verlag. Die meisten Autoren geben die Länge gern in der Anzahl der Worte an: 60000 Wörter sind zum Beispiel 240 Seiten, weil vier getippte Seiten etwa tausend Wörter haben und eine Manuskriptseite ungefähr der Länge einer gedruckten Seite entspricht. Zielt man mit seinem Buch auf einen bestimmten Markt ab, so ist es ratsam, sich von Anfang an auf die richtige Länge einzustellen.

Änderungen

Alle Änderungen und Verbesserungen, die er sich vorgenommen hatte, macht der Schriftsteller bei der zweiten Niederschrift, und in der letzten Ausfertigung werden beim Tippen gewöhnlich noch ein paar weitere Unebenheiten geglättet. Das alles sind zwar per definitionem Änderungen, aber die Änderungen, von denen ich hier spreche, sind solche, die andere verlangt haben: Lektoren, manchmal auch der Agent. Wenn ein Lektor sagt, etwas sei unklar – auch wenn man die Stelle schon zweimal umgeschrieben hat, um sie deutlich zu machen –, dann ist es gut, man versucht, sie noch deutlicher zu machen. Was dem Lektor nicht klar erscheint, wird vielleicht dem Leser ebenfalls nicht klar sein.

Polizeiverhalten

Oft erteilt einem der Verlagslektor einen Rüffel und bemerkt etwa: »Polizeiverhalten zu schlampig.« Die Polizeibeamten sind ihm entweder zu dumm, oder sie sind intelligent bis zu einem bestimmten Punkt, dann aber übersehen sie eine deutliche Spur – die natürlich den Helden zu Fall bringen würde, was vielleicht ja gerade das ist, was man nicht will. Das sind dann die kleinen Denkaufgaben, die man mit nach Hause und dort mit Papier und Bleistift in Angriff nimmt. Entweder man malt Männchen, oder man geht noch einmal mit dem Stift die einzelnen Sachverhalte im Buch durch und sieht zu, wie man sie jonglieren und der Story anpassen könnte. Eventuell gibt man der Polizei etwas weniger deutliche Anhaltspunkte. Vielleicht muß man auch, mit einem anders gearteten Problem, mal dem nächsten Polizeirevier einen Besuch abstatten und sich erkundigen, wie sich die Beamten dort unter bestimmten Umständen verhalten.

Einmal wurde ich wegen der Knüppelmethoden der Polizei in *Der Stümper* ins Gebet genommen; von der Verifizierung meiner Story hing es ab, ob ›Cosmopolitan‹ sie auszugsweise erwerben würde. Ich hatte den Hauptteil des Buches in Texas geschrieben und mich deshalb schon damals mal mit einem Kriminalbeamten der Mordkommission in Fort Worth über diesen Punkt unterhalten. Ich hatte ihn gefragt, ob die Polizei physische Gewalt anwende – Schläge und Gummiknüppel –, und ihm genau gesagt, wie weit die Brutalität der Polizei in meinem Buch ging. Er hieß alles gut, was ich geschrieben hatte, und fügte mit breitem Grinsen, das Genugtuung verriet, hinzu: »Wenn so ein Kerl vor uns steht, und wir haben Grund, ihn für schuldig zu halten, dann nehmen wir ihn in die Mangel, da kennen wir nix.« Also ging ich jetzt von Greenwich Village, wo ich wohnte, auf ein Polizeirevier in Lower Manhattan, das mir genannt worden war, und legte dem Beamten die gleiche Frage vor. Ich sagte ihm, was ich geschrieben hatte, und auch er bestätigte alles. Ich konnte also dem Redakteur von ›Cosmopolitan‹ berichten, die Story sei offiziell abgesegnet.

In *Der süße Wahn* hatte ich ebenfalls ein Problem, das mit der Polizei zu tun hatte. Etwa auf Seite 180 hat der Held seine Sachen in Koffer und Kartons verpackt, die seinen richtigen Namen – Kelsey – tragen, sie müssen aber aus einem Haus abgeholt werden, in dem er unter dem Namen Neumeister gewohnt hat. Neumeister hat in diesem Landhaus fast wie ein Eremit gelebt, und die Leute aus der Stadt und die Lieferanten kennen ihn nicht mit Namen; aber trotzdem ist das Verfahren für ihn gefährlich, wenn niemand erfahren soll, daß Neumeister und Kelsey ein und dieselbe Person sind. Unmittelbar nach der Koffergeschichte (aber nicht aus diesem Grund) beginnt die Polizei nach Neumeister zu fahnden, den die Beamten einmal gesprochen haben und nun nicht wiederfinden können. Kelsey hat inzwischen den Namen Neumeister abgelegt und lebt, nun wieder als David Kelsey, in einer anderen

Stadt. Es war eine knifflige Passage in meinem Manuskript, und der Verlag verlangte, ich sollte sie umschreiben. Ich tat's, sie waren zufrieden und ich ebenfalls, nicht aber mein französischer Verleger. Er lehnte das Buch ab mit der Begründung, die Polizei sei zu dumm. Ich schrieb den Abschnitt mit dem Koffer noch einmal um, um ihn plausibler zu machen, und jetzt nahm der französische Verleger das Buch an. In der gleichen Fassung wurde das Buch in Amerika herausgebracht. Hitchcock kaufte die Story für seine Folge von einstündigen Fernsehspielen und nannte sie *Annabelle* nach dem Mädchen, das Kelsey liebte.

1977 drehte der französische Regisseur Claude Miller einen Film nach *Der süße Wahn* und nannte ihn *Dites-lui que je l'aime* (Sag ihr, daß ich sie liebe) mit Gérard Dépardieu als David Kelsey. Ein großer Teil des Filmerfolgs war Dépardieus Intensität zu verdanken, obgleich er zufällig ein stämmiger Mann mit dem Körperbau eines Ringers war, nicht wie ich mir Kelsey vorgestellt hatte. Die Dialoge waren derber als die in meinem Text, die Anspielungen von Kelseys Bekannten auf sein asketisches Leben mehr explizit sexuell. Journalisten haben mich oft gefragt: »Was halten Sie von den Filmen, die nach Ihren Büchern gedreht worden sind?« Das ist eine große Frage, denn mittlerweile gibt es ein halbes Dutzend solcher Filme. Ich versuche es dann mit einer Gegenfrage: »War der Film ein Erfolg?« Die erfolgreichsten sind, glaube ich, der heute vielbewunderte *Zwei Fremde im Zug* (Hitchcock hat nie erlaubt, daß er neu gedreht wurde); *Nur die Sonne war Zeuge* nach dem ersten Ripley-Band, *Der talentierte Mr. Ripley;* und *Der amerikanische Freund*, nach dem dritten Ripley-Band, *Ripley's Game.*

Von allen Änderungen, die ein Krimi- und Suspense-Autor vorzunehmen hat, sind am schwersten solche, die Polizeiprozeduren betreffen. Sie erfordern technische Details, manchmal ein Umjonglieren des Plots – und sie kosten immer viel Schweiß.

Als ich den Roman *Der Geschichtenerzähler* geschrieben hatte, ließ mich mein Lektor die Szene neu schreiben, in der der Held dem Liebhaber seiner toten Frau gewaltsam Schlaftabletten verabfolgt. Ich hatte ursprünglich Tilbury die Pillen zu willig nehmen lassen; er mußte sich viel stärker wehren, obgleich er gar nicht mehr viel Willen zum Weiterleben hatte.

Eine typische Situation für einen Anfänger ist das schwer zu befolgende Ansinnen des Lektors, aus dem Manuskript eine bestimmte Person – manchmal sogar zwei – zu entfernen. Es sind immer Nebenfiguren, aber oft sind gerade das die Lieblinge des Autors; er hat viel Sorgfalt auf ihre Beschreibung und eine Menge Seiten auf ihre Handlungen und Reaktionen verwendet. Die Schwierigkeit kann darin liegen, daß sie den Plot nicht weiterbringen, und Suspense-Romane können sich solche Personen nicht leisten, auch wenn der Autor meint, durch sie werde die Gangart der Story variiert. Nimmt man solche Personen heraus, so muß man natürlich auch in dem ganzen Roman jeglichen Hinweis auf sie entfernen.

Und wenn man noch soviel gestrichen hat: es ist immer noch nicht genug. Das Streichen wird immer schmerzhafter und immer schwieriger. Am Schluß findet man keinen einzigen Satz, der jetzt noch gestrichen werden könnte, und dann steht man da und muß sich sagen: »Vier ganze Seiten *müssen* noch raus.« So fängt man also von neuem auf Seite eins an, vielleicht mit einem andersfarbigen Stift, um das Nachzählen zu erleichtern, und schmeißt erbarmungslos alles raus, als würfe man Ballast und sogar Brennstoff aus einem überfrachteten Flugzeug ab.

Meistens erwartet der Verleger, daß der Autor sein Buch im Stadium der Druckfahnen durchliest. Sie sind schmal, fast 1 Meter lang, schwierig zu handhaben, und man liest sie am besten im Bett. In den Fahnen darf der Autor eine bestimmte Anzahl Änderungen vornehmen, die ganz großzügig bemessen ist. Was darüber hinausgeht, geht zu seinen Lasten. Es hat keinen Zweck, sich hier in Unkosten zu stürzen, wenn man nicht um jeden Preis eine bestimmte Änderung oder eine Anzahl kleiner Änderungen durchsetzen will. Es ist ein Fehler, den viele Anfänger machen, daß sie nicht sämtliche Änderungen vor den Fahnen vornehmen, und noch ans Verbessern gehen, wenn bereits die Fahnen in ihrer imponierend endgültigen Form da sind.

Entstehungsgeschichte eines Romans: *Die gläserne Zelle*

Ich habe nun eine ganze Menge gesagt über Suspense-Romane und über Art, Ursprung und Entwicklung von Ideen, und so meine ich, es wäre vielleicht nützlich, hier über einen meiner Suspense-Romane, *Die gläserne Zelle,* zu sprechen. *Die gläserne Zelle* kam nicht aus einer speziellen Idee, sondern entstand einfach aus dem Wunsch, ein solches Buch zu schreiben. Und das ist vielleicht nicht der schlechteste Grund für ein Buch.

Der Keim einer Idee

1961 erhielt ich einen Brief von einem Mann, der im Mittleren Westen der USA im Gefängnis einsaß. Er war sechsunddreißig und saß wegen Urkundenfälschung, Einbruch und Nichteinhaltung von Bewährungsauflagen. Es war seine dritte Straftat, und als er mir schrieb, hatte er noch drei Jahre abzusitzen. Diese Einzelheiten erfuhr ich erst später. Er hatte ein Buch von mir, *Tiefe Wasser*, gelesen (ich finde, meine Bücher sollten nicht in Gefängnisbüchereien stehen) und schrieb mir nun einen Fanbrief. Er sagte, er würde gern Schriftsteller werden. So begann ein Briefwechsel zwischen uns. Einmal forderte ich ihn auf, mir einen Bericht »Mein Tag« zu schicken, eine Beschreibung seines Tageslaufs von morgens früh, wenn er erwachte oder geweckt wurde, bis abends zum Lichterlöschen. Er sandte mir daraufhin einen dreiseitigen interessanten Bericht, maschinengeschrieben, der mir noch heute viel wert ist. Er berichtet von der Beziehung zu seinem Zellengenossen – sie veralberten einander, richtige Kumpel waren sie nicht –, von seiner Arbeit in der Schuhwerkstatt, wo er Absätze an Sohlen nagelte; von dem, was es zum Frühstück,

Mittagessen und Abendbrot gab, von den Geräuschen im Zellenblock nach dem Lichterlöschen um halb zehn. Es waren Informationen, die einem kein Buch verschaffen kann.

Wenige Monate später las ich – vielleicht wegen meines Brieffreundes im Gefängnis – ein Buch (keinen Roman) über Häftlinge. Es berichtete von einem Ingenieur, der zu Unrecht inhaftiert worden war; ein Mann, den sadistische Wärter an den Daumen aufhängten und der später infolge der dauernden Schmerzen morphiumsüchtig wurde. Die Frau des Ingenieurs hatte zu ihm gehalten – ein Ausnahmefall; er schämte sich jedoch so sehr wegen seiner Morphiumsucht, daß er nach der Entlassung einfach nicht zu ihr und seiner Familie zurückkehren konnte. Er ging in eine andere Stadt, nahm dort eine Stellung an und schickte Geld nach Hause. Hier war ein Teil einer Story schon fix und fertig. Ich hatte jedoch vor allem den Wunsch, über die Atmosphäre in einem Gefängnis zu schreiben. Das war in erster Linie eine Herausforderung an meine Phantasie, eine schwierige Aufgabe, wenn ich sie gut machen wollte; schwierig selbst für einen Mann, und der konnte wenigstens zu Studienzwecken ein Gefängnis betreten, während Frauen nur bis zum Korridorgitter eines Zellenblocks zugelassen werden. Ich hatte insofern Glück, als ich einen Strafverteidiger kannte, der viele Häftlinge zu seinen Klienten zählte. Er durfte mich zwar nicht weiter als bis zu den Gittern bringen, aber ich konnte wenigstens davor in der Halle warten und zusehen, wie die Häftlinge ungehindert aus und ein gingen in den Zellen, deren Türen offenstanden (es war ihre freie Zeit am Nachmittag, zwischen der Arbeit und dem früh eingenommenen Abendessen). Ich beobachtete sie etwa vierzig Minuten lang. Eine weitere Informationsquelle war *Break down the Walls*, ein ausgezeichnetes Sachbuch von John Bartlow Martin.

Ich fing an, eine Story zu entwickeln. Mein Held, Philip Carter, sollte am Anfang des Buches seit neunzig Tagen im Gefängnis sein, infolge eines Justizirrtums. Das Aufhängen an den Daumen sollte im Buch ganz früh vorkommen, vielleicht bis Seite acht. Schuld daran sind die schwierigen und ungeschriebenen Vorschriften der Haftanstalt, gegen die Carter durch Unkenntnis immer wieder verstößt. Hazel, seine hübsche junge Frau, schreibt ihm und besucht ihn regelmäßig, und es wird alles getan, um ihn herauszuholen, doch ohne Erfolg. Ich stellte mir ein Buch vor, von dem die erste Hälfte im Gefängnis und die zweite Hälfte draußen spielt; die zweite Hälfte sollte die Wirkung auf den Charakter und das Verhalten eines Mannes schildern, der sechs Jahre in einer Strafanstalt unter Menschen zugebracht hat, die man als »schlechte Gesellschaft« kennt. In meinem Buch sollte Carter nach der Entlassung nicht von seiner Frau und seinem kleinen Sohn getrennt leben. Vage dachte ich daran, daß Carter bei seiner Frau einen Rivalen haben könnte, einen Freund der Familie, der Rechtsanwalt war und angeblich versuchte, Carter aus dem Gefängnis herauszuholen.

Das waren so die Keime meiner Idee: nichts weiter Großartiges, alle eher intellektuell als emotional, und der erste Teil der Geschichte war nicht mal originell, denn er basierte auf der wahren Geschichte des zu Unrecht inhaftierten Ingenieurs.

Entwicklung

Als Elemente der Story nahm ich mir vor: Justizirrtum, drohender Umschwung der Liebe der Frau auf einen anderen Mann, drohende Morphiumsucht und folglich Verlust der Frau und der nach der Haft erreichten Stellung, Brutalität im Gefängnis und ihr böser Effekt auf die ihr Ausgelieferten, der nach der Entlassung zu asozialem Verhalten führen kann. Der Prozeß der Entwicklung bestand also darin, diese Elemente in dramatische Form zu bringen.

Um in das Dilemma zu geraten, in dem er zu Anfang des Buches steckt, muß Philip Carter ein sorgloser und reichlich vertrauensseliger Mensch sein. So hat er Quittungen unterschrieben für Lieferungen von Zement, Bausteinen und Trägern für ein Bauvorhaben, das er als Ingenieur zu betreuen hat; er hat sie unterschrieben, weil gerade kein anderer zum Unterschreiben da war und weil ihn ein betrügerischer Bauunternehmer um die Unterschrift ersuchte. Der Bauunternehmer steckte die Preisdifferenz zwischen gutem und minderwertigem Material in die eigene Tasche; geliefert wurde das minderwertige. Als der Bauunternehmer durch einen Unfall auf der Baustelle getötet wurde und die liederliche Bauart der fertigen Konstruktion ans Licht kam, mußte jemand die Verantwortung dafür übernehmen. Das konnte nur Carter sein, dessen Unterschrift auf so vielen Quittungen zu sehen war.

Hazel, Carters Frau, hübsch und eitel, ist sehr empfänglich für die Aufmerksamkeiten und Schmeicheleien des attraktiven jungen Anwalts und Freunds der Familie, David Sullivan. Ich mußte Sullivan mit den Eigenschaften versehen, die Hazel besonders bewundert: Takt, gute Manieren und guter Geschmack, damit die Pille des Betrugs (vom Leser) auch geschluckt werden kann, denn Hazel hat tatsächlich ein Verhältnis mit ihm. Das nun setzt den emotionalen Mechanismus für Carters Mord an Sullivan in Gang – kein vorbedachter Mord, sondern ein Mord, begangen aus plötzlicher Wut. Es bleibt aber ein Mord, und er bringt ein zweites Element der Story an den Tag: die Tatsache, daß Gefängnishaft imstande ist, einen Menschen an Brutalität zu gewöhnen, in manchen Fällen sogar an Mord und an Verbrechen im allgemeinen.

Das Rätsel, wer für den Betrug an dem Bauvorhaben verantwortlich war, mußte schließlich aufgeklärt werden. Bei den Ermittlungen wurden keine großen Geldsummen auf Carters Bankkonto festgestellt und auch nicht auf dem des toten Bauunternehmers, der seine Schritte gut getarnt hatte. Aber mit dieser Feststellung hatte ich noch nicht geklärt, wo denn das Geld nun steckte. Deshalb mußte in der zweiten

Hälfte des Buches, nachdem Carter aus der Haft entlassen war, eine Figur – oder auch mehrere – aus dem Bauvorhaben auftauchen. Ich erfand also Gregory Gawill, den drittklassigen Vizepräsidenten der Vertragsfirma, einen Mann, der Carter ein paarmal im Gefängnis besucht hatte, dem Carter jedoch nicht traut. Gawill hat einen Teil des unterschlagenen Geldes erhalten, er kommt aber schließlich damit heraus, daß es der Präsident der Firma war, der den Löwenanteil einsteckte. Der unredliche Bauunternehmer nahm sich dann, was übrig war. Als Romangestalt übernahm Gawill für mich drei Funktionen: er war der Überbringer schlechter Nachrichten an Carter; er war ein Mann, der Unterschlagungen begangen hatte und der die Wahrheit hinsichtlich der Gelder kannte; und er war im letzten Teil des Buches ein Anstifter krimineller Handlungen. Es war besser, diese drei Erfordernisse – wenn möglich – in einer Person zu vereinen, als sie auf drei verschiedene Leute zu verteilen.

Gawill hat schon bei seinem ersten Besuch im Gefängnis Carter zu verstehen gegeben, Hazel treffe sich zu häufig mit Sullivan und Sullivan sei in sie verliebt. Carter weiß nicht, wieviel er davon glauben soll, aber es quält ihn, sechs harte Gefängnisjahre lang. Schließlich ist es dann auch nicht mehr als natürlich, daß Hazel das öde Leben in der Kleinstadt im Süden (nahe dem Gefängnis) satt hat und nach zwei Jahren in ihre Heimatstadt New York zurückkehrt. Sullivan folgt ihr und findet eine Stellung in einer New Yorker Anwaltsfirma. Als Carter entlassen wird und zu seiner Frau nach New York kommt, ist Sullivan immer noch »nichts als ein guter Freund«, doch auch Gawill ist da, er stachelt Carters Phantasie an und bringt ihm Notizen und Fotos von Hazels Zusammenkünften mit Sullivan zu Zeiten, da sie eigentlich an ihrem Arbeitsplatz sein sollte. Gawill haßt Sullivan, denn Sullivan hat (vergeblich) versucht, ihm die Schuld an dem Betrug am Bauvorhaben anzuhängen. Nur zu gern möchte Gawill Carter so weit bringen, daß er Sullivan umbringt. Carter ist sich im klaren über Gawills Motive und lacht darüber; er hat nicht die Absicht, ihm den Gefallen zu tun. Doch Gawills Sticheleien bleiben nicht ohne Wirkung.

Ich hatte vor, Carter ein schweres Verbrechen, etwa Mord, begehen zu lassen. Gleichzeitig aber – weil er im Gefängnis so viel durchgemacht hatte – wollte ich, daß er von diesem Mord, den er nach der Haftzeit begeht, freigesprochen wird. Ein doppelter Justizirrtum, wenn man so will. Durch irgendeinen Kniff sollte er ungestraft davonkommen.

Wie ich in meinem Notizbuch blättere, ist dort zu meiner Belustigung seitenlang von einem wandernden Schlüssel die Rede, vermutlich dem Schlüssel zu dem ganzen Gefängnis oder doch zu einer entscheidenden Tür. Der Schlüssel hat anscheinend frei unter den Insassen kursiert – ein ziemlich kafkaeskes Symbol. Benutzt wird er niemals, jedenfalls nicht für einen Massenausbruch. Von so einem Schlüssel war nicht die Rede, als ich das Buch schrieb. Kann sein, daß ein kleiner Hund namens Keyhole (Schlüsselloch) an seine Stelle trat.

Keyhole ist eine Promenadenmischung mit etwas Foxterrierblut, und er wird von einem Fahrer der Anstaltswagen in die Gefängniswäscherei eingeschmuggelt. Monatelang lebt der Hund in der Wäscherei, die Insassen lieben ihn zärtlich und bringen ihm Futter aus der Kantine; sobald sich ein Wärter nähert, wird er versteckt, nur die sechzig oder siebzig Männer, die in der Wäscherei arbeiten, kennen ihn. Eines Tages tritt ein Häftling, der ihn vor den Augen des Wärters verbergen will, in der Eile auf den Hund, der jault auf, wird entdeckt und ins Asyl für streunende Hunde geschickt. Versteckte Wut schwelt in der Anstalt, die Nachricht von der Existenz des Hundes verbreitet sich wie ein Lauffeuer unter den sechstausend Häftlingen. Zwei Tage später kommt es zu einem Aufstand, nicht eigentlich wegen des Hundes, sondern wegen der allgemein schlechten Zustände; daß der Hund beschlagnahmt wird, ist nur der Auslöser für den Aufstand. Dabei wird Carters einziger Freund Max sinnlos getötet. In Carter wächst die Bitterkeit, und in den restlichen vier Jahren seiner Haftzeit findet er niemanden mehr, mit dem er meint, Freundschaft schließen zu können. Dazu also der Hund.

Plot-Aufbau

Als ich mit der Entwicklung der Story so weit gekommen war – das heißt, als ich bestimmt hatte, welche Elemente und grundlegenden Ereignisse ich darin haben wollte –, kam als erstes Problem für den Plot die Frage, wo sie anzusiedeln waren. Wieviel von dem Buch sollte der Zeit im Gefängnis zugeteilt werden (während dieser Zeit ist von Hazels Leben draußen niemals die Rede, sie schreibt und spricht nur zu Carter darüber); wann sollte Carters Verdacht wegen der Untreue seiner Frau bestätigt werden; wann sollte Carters Mord an Sullivan stattfinden. Und das zweite Problem: wie sollte Gawill in das alles verwickelt werden, und wie konnte ich über Gawill zu einer Situation gelangen, die dann wie durch ein Wunder Carter vom Verbrechen des Mordes an Sullivan entlastet.

Ich fand, das Gefängnis sollte nicht mehr als die Hälfte des Buches einnehmen. Nach etwa drei Fünfteln des Buches weiß Carter, daß seine Frau ein Verhältnis mit Sullivan hatte und noch hat. Aber Carter beherrscht sich und unternimmt noch nichts. Gawill wird ungeduldig, weil Carter so lange zögert, sich an Sullivan zu rächen, und heuert einen Killer an in der Hoffnung, dann Carter die Schuld an Sullivans Tod in die Schuhe schieben zu können. Der Killer heißt O'Brien, Carter hat ihn einmal kurz bei Gawill getroffen. Es kommt zu einem Gespräch zwischen Carter und Sullivan (bei dem Carter ihn auffordert, die Beziehung mit Hazel zu beenden), und zwar zufällig gerade an dem Abend, als O'Brien bei Sullivan erscheint, um ihn umzubringen. Um sechs Uhr abends steht Carter vor Sullivans kleinem Apartmenthaus, die Tür wird von oben durch die automatische Anlage geöffnet, er tritt ein und wird fast umgerannt von einem Mann, der die Treppe heruntergestürzt kommt. Sullivan ist sehr erregt und sagt, Carter habe ihm das Leben gerettet, denn eben habe ein Fremder, der vorher an der Tür geklingelt habe, ihn überfallen wollen. Carter ist plötzlich angeekelt von Sullivans Feigheit und Heuchelei, er nimmt das Erstbeste, was ihm zur Hand kommt – das Fragment einer griechischen Marmorbüste – und erschlägt Sullivan. Dann verläßt er die Wohnung, kommt zu ungefähr der üblichen Zeit nach Hause, und der Abend verläuft wie immer, bis um zehn Uhr die Polizei anruft. Den Beamten liegt daran, mit Hazel zu sprechen, weil sie erfahren haben, daß sie mit Sullivan eng befreundet ist. Im Verlauf der Fragen stellen sie fest, daß Hazel und Sullivan mehr als Freunde waren. Das lenkt ihren Verdacht auf Carter, der ja schließlich einen Groll auf Sullivan gehabt haben muß.

Was könnte – logisch oder auch unlogisch – jetzt folgen? O'Brien, der angeheuerte Killer, ist an der Ausführung seines Auftrags gehindert worden. Hat er seinen Lohn von Gawill erhalten? Glaubt oder fürchtet O'Brien, Carter habe ihn erkannt, als er bei Sullivan die Treppe herunterrannte? Wenn O'Brien sein Geld bekommen hat, dann kann er von Glück sagen. Wenn er gemein sein will – und daß er gemein sein will, darf man voraussetzen, sonst hätte er den Auftrag gar nicht angenommen –, dann behält er sein Geld und sagt Gawill nichts. Hat O'Brien sein Geld nicht bekommen, dann kann er es jetzt einfach verlangen und wird es vermutlich auch kriegen. Ich überlegte das alles hin und her, denn das Buch wird nur mit Carters Augen gesehen, und daher wissen weder Carter noch die Leser, was zwischen Gawill und O'Brien vor sich geht. Es ist Carter, der den Schluß zieht, daß O'Brien von Gawill gedungen worden war.

Angenommen, O'Brien hat sein Geld noch nicht erhalten, und bevor er es holen kann, wird Carter als Verdächtiger von der Polizei ins Bild gebracht. Am gleichen Abend, als die Polizeibeamten bei Hazel und Carter erscheinen, suchen sie auch Gawill auf, denn Hazel hat ihnen Gawills Namen als den eines »Feindes von Sullivan« genannt. Von jetzt an wird man Gawill und seine finanziellen Transaktionen sehr genau im Auge behalten, und das weiß Gawill.

Die Polizei läßt Gawill, Carter und O'Brien kommen – den letzteren, weil er ein Kumpel von Gawill ist und weil das Fragment des Fingerabdrucks auf der griechischen Marmorbüste sowohl von ihm wie von Carter stammen kann – und unterzieht sie einem Lügendetektortest. Carter und O'Brien schneiden dabei gut ab, und die Beamten können mit dem Ergebnis der Befragungen nicht viel anfangen.

Carter wird von O'Brien angerufen und kühl aufgefordert, ihn am folgenden Freitag abend an einer bestimmten Straßenecke auf der West Side von Manhattan zu treffen und fünftausend Dollar in bar mitzubringen. »Sonst... nun, Sie wissen ja, was ›sonst‹ hier heißt, Mr. Carter«; damit legt O'Brien auf. Carter hat das erwartet. O'Brien droht, der Polizei mitzuteilen, er habe Carter am Abend des Mordes Sullivans Haus betreten sehen. O'Brien könnte hinzufügen: »Ja, es stimmt, ich wurde angeheuert, ich sollte Sullivan zusammenschlagen, aber Carter war zuerst da und hat ihn umgebracht.« Egal ob O'Brien sein Geld von Gawill erhalten hat oder nicht, er will schnell auch noch die fünftausend Dollar von Carter mitnehmen.

Carter beschließt sofort, O'Brien kein Geld zu geben. Aber wenn er am Freitag abend nicht zu dem Treffpunkt kommt, muß er fürchten, daß O'Brien der Polizei seine Geschichte erzählt, und sie wird sich wahr anhören. Carter ist als Ex-Häftling schon ohnehin verdächtig. Wenn O'Brien zur Polizei geht, das weiß Carter, dann ist es aus mit seiner Ehe, mit seiner Stellung und mit seinem Leben.

Aber wenn er nun O'Brien umbringen könnte, ohne gefaßt zu werden? Carter kommt zu dem Schluß, daß dies der einzige Ausweg ist. Im Gefängnis hat er ein paar Judo- und Karategriffe gelernt, die will er jetzt anwenden.

Carter hält am Freitag abend die Verabredung ein. Er überredet O'Brien, mit ihm in eine etwas dunklere Straße zu kommen, wo er ihn niederschlägt und liegenläßt. Dann macht er sich, nacheinander in zwei Taxis, auf den Weg nach Long Island, in Gawills Wohnung.

Gawill ist überrascht, als er Carter sieht, läßt ihn jedoch eintreten. Gawill hat den Abend in einer Bar seiner Gegend zugebracht. Dies ist nun schon mindestens der vierte Besuch, den Carter ihm in seiner Wohnung abstattet. Sie sind alles andere als Busenfreunde, im Grunde sind sie sogar Feinde, und doch mögen sie einander merkwürdigerweise irgendwie. Gawill hat Carter mal gehänselt und gesagt, er wisse, daß Carter Sullivan umgebracht habe; und Carter hat das mit gutmütigem Lachen quittiert. Doch an der Art, wie Gawill es sagte und auch heute abend wieder sagt, erkennt Carter, daß Gawill lügt und daß er annimmt, O'Brien habe es getan. Carter hat sich also »richtig« verhalten und den einzigen Mann außer ihm selber, der die Wahrheit kannte, vernichtet. Als Carter heute abend auftaucht – in erster Linie, um sich ein Alibi für den Abend zu verschaffen – herrscht ein etwas brüchiger Friede zwischen ihnen, während sie einen Drink nehmen. Um Mitternacht klingelt das Telefon: die Polizei hat O'Briens Leiche gefunden – was weiß Gawill davon? Die Beamten kommen herüber, um mit ihm zu reden.

Jetzt sind es noch zwanzig Seiten bis zum Ende des Buches.

Carter redet hastig auf Gawill ein, bevor die Polizeibeamten kommen. Gawill errät, daß Carter O'Brien getötet hat und warum: Erpressung, und er kennt auch den Grund dafür. Carter macht ihm daraufhin einen Vorschlag. Er und Gawill müssen den Beamten erzählen, sie hätten den Abend zusammen verbracht, und zwar in der Bar, wo Gawill vorher war. Sie müssen einander mit Alibis versehen, sonst wird Carter der Polizei berichten, daß Gawill O'Brien für den Mord an Sullivan angeheuert hatte. Gawill sieht das ein; als die Beamten erscheinen, bleiben beide Männer bei der Aussage, sie hätten den Abend zusammen verbracht. Sie bleiben auch in den folgenden Tagen und Nächten dabei, als man sie getrennt in die Zange nimmt und als die Polizei die Wahrheit auftischt, die sie nicht beweisen kann. Carter ist durchaus nicht sicher, was seine Frau glauben wird; aber als sie ihn in der Haftzelle aufsucht und er entlassen wird, ist dem Leser klar, daß sie die Wahrheit erraten und ihm vergeben hat. Hazel und Carter lieben einander, trotz allem, was Carter sich und ihr angetan hat, und trotz Hazels Untreue. Was die Fortsetzung ihrer Ehe betrifft, so nimmt die Story ein gutes Ende. Was Carters Charakter betrifft, so ist es eine deprimierende Story, denn sie stellt zweifelsohne fest, daß Einsperren einer Persönlichkeit Schaden zufügt.

Ich bitte um Entschuldigung für die langweilige Kurzfassung der Geschichte. Carters Sohn Timmie, der bei Carters Entlassung zwölf Jahre alt ist, habe ich gar nicht erwähnt. Man kann in einer solchen Geschichte viel erreichen, wenn man den Effekt dieser Ereignisse auf ein kleines Kind zeigt, die Reaktionen des Kindes auf seinen Vater, der im Gefängnis gesessen hat, die Haltung der Schulfreunde gegenüber dem Kind. Für ein Kind ist das schrecklich und verwirrend. Wenn das Kind am Ende seinen Vater doch gernhaben und akzeptieren kann, wie es Timmie schließlich tut, dann ist einiges gewonnen.

Die erste Fassung

Die erste Fassung dieses Buches hatte einen etwas anderen Handlungsverlauf als den oben skizzierten, und der amerikanische Verlag Harper & Row lehnte den Roman ab. In dieser ersten und auch noch in der zweiten Fassung habe ich mindestens einen der Fehler gemacht, über die ich in diesem Buch sprach. Der Gefängnisteil sollte die erste Hälfte, der Draußen-Teil die zweite Hälfte einnehmen, so hatte ich es vor. Ich war aber über den Gefängnis-Details und Ereignissen so in

Schwung gekommen, daß ich damit schnell nahezu zweihundert Seiten gefüllt hatte; dabei hätten es nicht mehr als hundertzwanzig sein dürfen. Ein geschickterer Schreiber hätte sich die Zeit und Mühe gespart, die die neuen achtzig Seiten mich kosteten.

Der Anfang – im Gefängnis – ging ganz glatt, und der ganze Abschnitt über das Gefängnis blieb im großen und ganzen so, wie er dann in *Die gläserne Zelle* war, als das Buch herauskam. Aber in der ersten Fassung hatte ich andere Pläne mit Carters Mord an Sullivan und dem, was dann folgte.

Ich hatte die Absicht (und das war keine gute Idee), Carter an Sullivans Haustür klingeln zu lassen; es kam zwar niemand öffnen, aber er fand sowohl die Haustür unten wie die Wohnungstür oben angelehnt. Das kann bei einer Haustür vorkommen, wenn jemand sie nicht fest geschlossen hat; bei einer Wohnungstür kann es – wie jeder New Yorker weiß – nicht passieren, außer wenn jemand sie gar nicht zugemacht hat (was kein Mörder in der Wohnung tun würde) oder wenn der Knauf im Sicherheitsschloß zurückgeschoben wurde und die Tür nicht ins Schloß fallen kann (was bei einem Mörder wohl auch kaum vorkäme). Carter kommt in die Wohnung und findet Sullivan tot im Bett, er blutet aus einer frischen Wunde. Da Carter fürchten muß, man werde ihm die Schuld geben, ruft er nicht die Polizei. Er will gerade die Wohnung verlassen, als er ein leichtes Geräusch hört, so als stoße ein Schuh irgendwo an die geschlossene Schranktür im Wohnzimmer. Er öffnet den Schrank: da steht ein Mann, ein blonder Mann im Schrank, Angst im Gesicht, in der Hand hält er ein halbgefülltes Whiskyglas. Der Mann versucht, mit einem Satz aus dem Schrank zu entkommen und zu flüchten, aber die beiden geraten in ein Handgemenge, der Whisky wird verschüttet – und am Ende glaubt man Carter nicht, als er der Polizei die Sache vorträgt.

Wo ist der blonde Mann, und wer ist es? Wo ist überhaupt der Fleck auf dem Teppich, wo der Whisky verschüttet wurde? (Der Blonde kann ihn aufgewischt haben, und der Fleck hätte in der Zeit von allein trocknen können.) Carter ist an milde Schmerzmittel gewöhnt wegen seiner immer noch schmerzenden Daumen; im Gefängnis war er fast morphiumsüchtig geworden. Man verdächtigt ihn, eine Halluzination gehabt und Sullivan getötet zu haben. Carter sagt, er sei in Panik aus der Wohnung gestürzt. Selbst seine Frau hat da Zweifel. Der blonde Mann ist natürlich ein von Gawill gedungener Killer, aber vor dem Mordabend hat Carter ihn nie gesehen. Jetzt folgt für Carter eine sehr schwierige Zeit, er verliert seine Stellung und verliert auch beinahe die Loyalität seiner Frau, und der blonde Mann ist nirgends aufzutreiben. Gawill läßt den blonden Mann umbringen, das erfährt man aber erst, als seine Leiche in einem Leichenschauhaus in Pennsylvania aufgefunden und von Carter identifiziert wird. Carter ist hocherfreut über diese Wendung der Dinge, denn die Leiche des Blonden entlastet ihn. Ein Happy-End also, wenn man so will.

Dies alles hatte ich nicht nur in der ersten Fassung, sondern auch in der verbesserten zweiten Fassung geschrieben, und das Buch wurde zu Recht von Harper & Row abgelehnt. Carter war da ein passiver, sich selbst bemitleidender, schwacher und eher dümmlicher Held. Man erfuhr über den blonden Mann nicht so viel wie in der zweiten Fassung über den gedungenen Killer O'Brien, und obgleich sie als Personen nicht wirklich wichtig sind, tragen doch ein paar beschreibende Worte über ihre Existenz, Arbeit, Haltung dazu bei, daß sie für den Leser viel interessanter werden.

Jetzt saß ich also da mit der Absage. Entweder ich mußte den Helden, die Story und die ganze zweite Hälfte des Buches umschreiben, oder Harper & Row nahmen es nicht an, und vielleicht auch sonst niemand. Ich fand die Geschichte im Grunde nicht schlecht, aber vielleicht ließ sie sich ja besser machen. Und wenn nur der geringste Anlaß besteht, das zu glauben, dann schreibt man es besser um.

Ich habe hier die erste Fassung von *Die gläserne Zelle* erörtert, denn das Hindernis, an dem ich mit ihr festsaß, war mehr als ein Haken, es war ein Desaster. Das lag daran, daß ich hartnäckig an einer Szene festhielt, die ich mir vorgestellt hatte und die ich auch für gut hielt: wie Carter zufällig Sullivans Mörder in einem Kleiderschrank in Sullivans Wohnung entdeckt, ein paar Minuten nach dem Mord. Ich hätte erkennen müssen, daß Carter, wenn er danach nicht irgendeinen glänzenden und energischen Schritt unternahm, in der Story nur eine passive Rolle spielen konnte. Passive Helden aber sind Langweiler, außer man stellt sie von vornherein als lächerlich und komisch hin und läßt sowohl Menschen wie Ereignisse dauernd mit ihnen zusammenstoßen, während sie selber mehr oder weniger stillstehen. Carter unternahm jedoch weiter keine resoluten Schritte; er sah sich nach dem blonden Mann um, den er gesehen hatte, und stapfte dabei auch nicht durch Straßen und Wälder, sondern blieb einfach in Verbindung mit der Polizei. Das war nicht genug. Ich mußte die Story ändern und aus Carter einen viel aktiveren Helden machen.

Ich ließ also Carter nun Sullivan umbringen und führte damit einen bösen, aber gleichzeitig interessanten Schlag gegen ihn, da ich ja wollte, daß der Leser am Ende »auf Carters Seite« steht. Nach den Kritiken zu urteilen, ist mir das bei den meisten gelungen. Nur ein Rezensent (ein Engländer) sagte unumwunden, er sei empört über Carters Auge-um-Auge-Denkweise; die anderen räumten, zumindest stillschweigend ein, daß durch Gefängniserlebnisse die Gefühle und das Gewissen auch eines anständigen Menschen sich verhärten können. An die unvermeidliche Klippe geriet ich dann am Ende, als ich nicht wußte, wie ich es anstellen sollte, daß Carter, der ja den Erpresser O'Brien getötet hat, ungestraft davonkommt, und wie ich sichergehen konnte, daß er auch »auf die

Dauer« für diese Tat nicht belangt wird, auch wenn ihn die Polizei immer auf der Verdächtigenliste behalten wird.

In solchen Situationen muß man oft die Schwierigkeiten aufeinander abstimmen, damit sie lückenlos zusammenpassen. Wenn nötig, muß man ein weiteres Verbrechen des Helden oder einer anderen Figur erfinden. Im Falle der *Gläsernen Zelle* benutzte ich Gawills nicht ganz so schwerwiegendes Verbrechen, das Anheuern eines Killers. Gawill will dafür aber nicht belangt werden, und deshalb vereinbaren er und Carter – die beide schuldig sind – ein gegenseitiges Alibi. Auch in *Zwei Fremde im Zug* gibt es so eine abgestimmte Situation. Guy und Bruno tauschen ihre Opfer aus und beschaffen sich dadurch echte Alibis: zur Tatzeit der beiden Morde ist jeder Mörder meilenweit von dem Schauplatz entfernt, wo das für ihn vorgesehene Opfer getötet wurde – und kann das auch beweisen. Unerläßlich ist es dabei, daß die beiden Mörder einander nie wieder sehen, denn es darf nicht bekannt werden, daß sie sich jemals getroffen oder gekannt haben. Erstaunlich eigentlich, daß diese simple Idee in der Wirklichkeit nicht häufiger angewandt wird. Aber vielleicht wird sie es auch, denn es heißt ja, daß nur elf Prozent aller Morde jemals aufgeklärt werden.

Die zweite Fassung

Um auch einmal die praktische Seite, den Verkauf eines Buches vorzuführen, will ich hier über die zweite Version der zweiten Fassung der *Gläsernen Zelle* sprechen, wie sie schließlich gedruckt wurde. In der ersten Hälfte, die im Gefängnis spielt, mußte ich sehr viel streichen, und das fiel mir oft schwer, denn ich hielt gerade diesen Teil für interessant. (Dabei genügte das, was ich herausnahm, meinem Lektor noch immer nicht, ich mußte später noch mehr streichen, im ganzen 105 Seiten.) Die meisten Streichungen waren ganze deskriptive Passagen, in denen keine Menschen vorkamen.

Langweilig wurde es im Roman, als Carter aus der Haft entlassen war, als er versuchte, sich wieder ans zivile Leben zu gewöhnen und eine Stelle suchte. In diesem Abschnitt war der einzige aktive Faktor die Stellungssuche. Ich hielt mich zu lange auf bei der Beschreibung seiner Busfahrt vom Gefängnis in die Stadt, wo er das Flugzeug nach New York nahm, bei der Schilderung seiner Ankunft in New York und seinem Wiedersehen mit Hazel und Timmie am Flughafen, des Dinners am Abend in der hübschen Wohnung, die Hazel eingerichtet hat und die Carter noch nicht kennt.

In diesem Abschnitt ist eigentlich nur eins wichtig: daß Sullivan bei der Begrüßung Carters am Flughafen dabei ist und daß er Hazels Einladung, abends mit ihnen zu essen, ablehnt. In Carter steigt eine Welle von Eifersucht und Argwohn auf, die nicht abnimmt, als er später am Abend im Schlafzimmer ein paar von Sullivans juristischen Büchern findet. Das ist emotionell von Bedeutung, und ein Roman ist ja schließlich etwas Emotionales. Alles das wurde von zwölf auf fünf Seiten zusammengestrichen. Damit war aber noch nicht alles Langweilige aus dem Abschnitt entfernt, ich mußte noch mehr streichen auf den folgenden Seiten, wo Carter Stellenanzeigen für Ingenieurposten beantwortet. Es *passiert* eigentlich gar nichts, bis Gawill »zufällig« auf der Straße vor Carters Haus erscheint und es ihm gelingt, Carter von neuem mit Geschichten von dem Verhältnis seiner Frau mit Sullivan zu beunruhigen. In dem ganzen Abschnitt mit lauter voraussehbaren Ereignissen ist dieses Erscheinen Gawills das einzige, das den Plot weiterbringt.

In dieser zweiten Version ist Carter ein viel stärkerer Charakter als in der ersten, und ich nahm mir jetzt gleich einen heiklen, aber wichtigen Punkt vor: seine Beziehung zu Hazel. Carter betet sie an, obgleich er weiß, daß sie ein Verhältnis hat. Hazel liebt Carter ebenfalls, und ihr Gefühl für Sullivan ist weniger Leidenschaft als echte Zuneigung. Sie und Sullivan sind seit sechs Jahren eng befreundet, die ganze Zeit, seit Carter ins Gefängnis kam. Sullivan war Hazels Freund und Berater und ebenso ihr Liebhaber, seine Gegenwart half ihr hinweg über die langen drückenden Jahre. Auch Timmie und Sullivan mögen sich sehr. Die Affäre zwischen Hazel und Sullivan ist keine flüchtige Episode. Trotzdem kann Hazel nicht gut zu Carter davon sprechen, wie stark ihr Gefühl für Sullivan ist, denn sie will die Ehe mit Carter aufrechterhalten. Das Leben hat sie gezwungen – oder ihr die Kraft gegeben –, zwei Männer zu lieben.

Es ist schwierig, das in Worten auszudrücken, und Hazel versucht es auch gar nicht, doch es muß alles implizit vorhanden sein. Carter und Hazel führen zwei oder drei entscheidende Gespräche über das Problem, durch die es aber nicht gelöst wird, denn Hazel verspricht nicht ausdrücklich, Sullivan »aufzugeben«. Diese Gespräche, meine ich, müssen auch im ersten Entwurf schon richtig niedergelegt sein, denn später nimmt man sie nur schwer wieder auf. Liest man solche Gespräche noch einmal durch, so findet man sie vielleicht unecht oder krude oder vage, manchmal vielleicht auch so behutsam, daß der Leser nicht weiß, was man eigentlich sagen will. Dann ist es besser, die Seiten wegzuwerfen und neu zu schreiben.

In der zweiten Fassung der *Gläsernen Zelle* habe ich an der Story nichts geändert, nur in der letzten Hälfte vieles neu getippt, wobei Gespräche und Handlungen zusammengestrichen wurden. Etwa die Ferienwoche in Neu-England, die Carter gleich nach dem Mord an Sullivan für sich und Hazel und Timmie organisierte, um die beiden aus der New Yorker Atmosphäre mit Polizeiverhören und dem Argwohn von Freunden herauszubringen. In dieser Urlaubswoche geschieht gar nichts, nur daß Hazel ihre Kühle und abwartende Haltung gegenüber Carter beibehält, denn sie hält ihn für schuldig. Das alles lohnt nicht mehr als eine Seite, und mehr ist es auch nicht.

Und dann muß nun von neuem das ganze Buch mit den umgeschriebenen Seiten, den verdeutlichten Passagen und den Streichungen durchgelesen werden, damit ich sehe, wie es sich anhört. Es können neue Fehler ins Auge fallen; dann muß der Prozeß des Umschreibens und Verdeutlichens und Streichens und Betonens noch einmal von vorn beginnen, mit wieder neuen Notizen. Einen einzigen Trost gibt es dabei: es ist jedesmal weniger zu tun.

Letzte Änderungen

Die letzten Änderungen an der *Gläsernen Zelle* waren nicht schwerwiegend, aber ich hatte das Buch ja nun auch schon drei- oder viermal geschrieben, die erste abgelehnte Fassung mit eingerechnet.

Mein Lektor verlangte von mir, die Morphiummenge nachzuprüfen, die in durchschnittlichen Krankenhäusern als schmerzstillendes Mittel verabfolgt wird, ferner die Menge, die Süchtige nehmen, undsoweiter. Das mußte genau stimmen, und obgleich ich meinte, es richtig angegeben zu haben, nahm ich mir noch einmal die medizinischen Nachschlagewerke der Bibliothek vor. Um ganz sicherzugehen, reduzierte ich schließlich die Anzahl Gran, die Carter täglich im Gefängnis nahm. Ferner wurde ich ersucht, Carters Gehalt bei der Bauunternehmerfirma im Süden herabzusetzen, und auch das Einkommen aus dem Legat zu reduzieren, das ihm eine Tante hinterlassen hatte. Ich weiß nicht, warum ich diese Beträge zu hoch angesetzt hatte, denn gewöhnlich gebe ich sie eher zu niedrig an; ich nenne das hier auch nur als Beispiel dafür, was ein Lektor von einem manchmal verlangt. Es ist nicht ratsam, sich auf einen Streit einzulassen, denn der Lektor weiß es vermutlich besser und hat außerdem den Vorteil, daß er diese Dinge mit mehreren Leuten im Verlag besprechen kann. Eigentlich ist es erstaunlich, wie vielen Anfängern der Kragen platzt bei so trivialen Forderungen oder bei dem Ersuchen, eine Figur aus ihrem Buch zu entfernen. Manchmal kündigen sie im Zorn ihrem Agenten oder ziehen das Manuskript vom Verlag zurück, und sehr oft kommen sie dann später recht kleinlaut zurück. Ein Schriftsteller hat im Leben haufenweise Möglichkeiten, seinen Stolz zu beweisen, und sie sind durchweg komplexer und sehr viel wichtiger als diese hier.

Dies war nicht das erste Buch, mit dem ich Pech hatte. Mit *Die zwei Gesichter des Januars* ging es mir genauso; da war die erste Fassung völlig verkorkst (nicht die, die ich hier beschrieben habe). Als Begleitkommentar zu der Ablehnung schrieb der Verlag Harper & Row: »Ein Buch kann einen und vielleicht sogar zwei Neurotiker verkraften, aber nicht drei, und noch dazu die Hauptpersonen.« Ich ließ einige Zeit vergehen und schrieb ein anderes Buch, das angenommen wurde; dann kam ich auf *Januar* zurück und schrieb es um, kam aber nirgends auf das erste Manuskript zurück, denn ich hatte alles vollständig geändert: Plot, Alter und Charakter der Frau, Charakter des jungen Helden – alles bis auf das Layout des Palastes von Knossos. Eine Dreiviertelseite war alles, was ich von dem ersten Manuskript benutzte. Der Charme des muffigen alten Athener Hotels und die Faszination des jungen Mannes angesichts eines Fremden, der seinem Vater so ähnlich sieht (noch dazu eines Fremden, der ein Gauner war): das alles fesselte mich noch immer und regte mich dazu an, weitere zweihundertfünfzig oder dreihundert Seiten zu schreiben, um diese Personen zu verwenden. Diese zweite – und heutige – Fassung der *Zwei Gesichter des Januars* wurde ebenfalls umgehend von Harper & Row abgelehnt, und diesmal fand ich, sie hätten unrecht. Aber ich gab das Buch, jedenfalls im Geist, jetzt auf; mir blieb wohl nichts anderes übrig, als ein neues Buch zu schreiben. Solche kleinen Mißerfolge, die manchmal immerhin ein paar tausend Dollar an vertaner Zeit ausmachen, muß ein Schriftsteller mit spartanischem Gleichmut hinzunehmen lernen. Vielleicht ein kurzer Fluch, der Gürtel wird ein Loch enger geschnallt – und dann was Neues, und natürlich mit Begeisterung, Mut und Optimismus, denn ohne diese drei Elemente wird man nichts Gutes zustande bringen.

Den Bescheid über die zweite Fassung von *Januar* bekam ich, als ich im Juni 1962 in Positano war. Ich weiß noch, ich war erstaunt und perplex, aber irgendwie nicht deprimiert. Es war schließlich mein siebtes oder achtes Buch, mir waren auch vorher schon Bücher abgelehnt worden, und mit der Zeit nimmt man Ablehnungen nicht mehr ganz so tragisch. Wichtiger noch: diesmal meinte ich, recht damit zu haben, daß mir das Buch gefiel, ich hatte nicht das Gefühl, ein zweitklassiges Stück Arbeit geleistet oder ein langweiliges Buch geschrieben zu haben. Aber ich unternahm nichts weiter mit dem Buch, ich fuhr heim und begann, mich in Gedanken mit meinem Gefängnisbuch zu beschäftigen. Ein paar Monate später, als ich kurz in London war, rief ich in meinen englischen Verlag Heinemann an und erwähnte die Ablehnung des *Januar*-Buches. »Geben Sie's mal her«, sagte der Lektor bei Heinemann. Das tat ich, und Heinemann brachte es genau so heraus, wie es war. Einige Monate danach wählte die Crime Writers' Association in England das Buch zum besten ausländischen Kriminalroman des Jahres und verlieh mir als Preis einen »Dolch«, mit dem ich noch heute meine Briefe öffne. So seltsam verfährt das Schicksal mit einem zweimal abgelehnten Buch. Und während ich dies schreibe, ist – nach zwei verfallenen Optionen, einer englischen, einer amerikanischen – eine Münchener Filmgesellschaft im Begriff, die Rechte zu erwerben.

Anfang 1964 lehnte Harper & Row auch die zweite und endgültige Fassung der *Gläsernen Zelle* ab. So waren mir also von Harper & Row zwei Bücher abgelehnt worden, beide hielt ich für gut und in der Form für geeignet zum Erscheinen. Etwas zögernd – denn kein Schriftsteller wechselt gern den Verlag und sollte das auch so wenig wie möglich tun – versuchte ich es bei Doubleday und legte ihnen ein Umbruchexemplar der Heinemann-Ausgabe von *Die zwei Gesichter des Januars* vor. Das Buch wurde angenommen, aber ich mußte vierzig Seiten streichen, eine Seite umschreiben und sie in den Umbruch einkleben. Es ist ein seltsames Gefühl, ein Manuskript zu kürzen und zu ändern, das schon wie ein gedrucktes Buch aussieht, aber es ist viel leichter zu handhaben, und die zu streichenden Zeilen sind einfacher zu zählen. Ich muß mich sicher dreißigmal durch den Umbruch durchgearbeitet haben, bis ich endlich die richtige Anzahl Zeilen gestrichen hatte – eintausenddreihundertzwanzig Zeilen, im ganzen vierzig Seiten.

Damals nahm ich mir vor, das abgelehnte Manuskript der *Gläsernen Zelle* ebenfalls meinem Doubleday-Lektor vorzulegen, der in London arbeitete. Auch das wurde angenommen, aber ich mußte auch hier vierzig Seiten streichen. Am Ende aller Streichungen – manche in Schwarz und dann, beim zweitenmal, in Rot – waren auf einigen Seiten nur drei Zeilen stehengeblieben.

Das Buch

Die ›New York Times Book Review‹ begann ihre Kritik mit den zwiespältigen Worten: »Ich weiß nicht recht, was ich von Miss Highsmiths Buch halten soll«, und schloß mit: »Aber lesen Sie selbst und sehen Sie, was Sie dazu meinen.« Nicht ein einziger anerkennender Satz, der für die Werbung hätte verwendet werden können.

In einer Zeitung hieß es: »... auf jeden Fall außergewöhnlich.« ›Kirkus Rewiews‹ nannte es mein »bestes Buch seit *Zwei Fremde im Zug*«. In Amerika zeigte zwar niemand Interesse an Film- oder Nachdrucksrechten, doch es wurden weiterhin Jahr für Jahr mehrere tausend Exemplare verkauft, vermutlich dank meinem Ruf, den ich sonst hatte.

In England waren die Kritiken viel besser, sie erschienen in allen wichtigen Zeitungen und Wochenschriften. Etwa ein Jahr nach der ersten Hardcover-Ausgabe kam auch eine broschierte Ausgabe heraus.

Niemand in Amerika zeigte je Interesse an der Verfilmung des recht harten Buches, doch in Deutschland wurde 1978 ein Film danach gedreht, unter demselben Titel und mit Helmut Griem als Philip Carter. Schauplatz war hauptsächlich Frankfurt, wo Carter und seine Frau Hazel in einem modernen Hochhaus eine Wohnung haben. Der Gefängnisteil, etwa ein Drittel des Buches, war fast ganz weggefallen, man sieht Carter nur ein paar Minuten lang, wie er auf seiner Pritsche in der Zelle liegt, schlaflos und schwitzend unter drückenden Gedanken, und – als Rückblende – in einer Szene vor Gericht kurz vor dem Urteil, in der seine Frau unbeirrt aussagt, es gäbe keine Extragelder auf ihrem Bankkonto oder dem ihres Mannes und habe solche Gelder auch niemals gegeben. Ihr Mann sei unschuldig.

In Deutschland und auch in New York erhielt der Film ganz anständige Kritiken. Ich fand den Darsteller des David Sullivan und den Text, der für ihn geschrieben worden war, zu hart. Er war hier nicht der überaus zuvorkommende Mann, der Sullivan im Buch ist, und ich konnte mir nur schwer vorstellen, wie Hazel – im Film gespielt von einer Frau, die eher noch empfindsamer ist als die Hazel im Buch – ein Verhältnis mit ihm haben konnte. Für einen Schriftsteller sind solche charakterlichen Veränderungen in der Umformung eines Buches zum Film wie ein Schlag ins Gesicht. Wobei die wichtigste Frage ja immer heißt: Kommt der Film an, ist er glaubwürdig?

Allgemeine Bemerkungen zum Begriff Suspense

Ich habe hier von dem weiten Rahmen gesprochen, der innerhalb der Gattung ›Suspense‹ existiert. Doch schon mein Bedürfnis, darauf hinzuweisen, ist eigentlich absurd und unangebracht. Hoffentlich sind unter den Lesern dieses Buches auch einige, die nicht Suspense-Schriftsteller, sondern einfach Schriftsteller werden wollen, denn ich glaube, vieles von dem Gesagten trifft ganz summarisch auf Schreiben zu, jedenfalls auf Romanschreiben. Das Etikett ›Suspense‹, das in Amerika so beliebt ist bei Buchhändlern und Kritikern, ist für die Phantasie junger Schriftsteller nur ein Handicap, wie es jede Kategorisierung und jede willkürliche Einstufung ist. Es engt da ein, wo es keine Einengung geben dürfte. Junge Autoren sollten etwas Neues in Angriff nehmen, nicht um der Neuheit willen, sondern weil ihre Phantasie frisch und ungebunden ist. Mörder, Psychopathen, nächtliche Herumstreuner: das sind alles alte Hüte, wenn man nicht auf ganz neue Art darüber schreibt.

Das Etikett ›Suspense‹

Mein Roman *Venedig kann sehr kalt sein* wurde in Amerika als Suspense-Roman etikettiert, obgleich darin kein Mord, kein großes Verbrechen und wenig Gewalt vorkommt. Es behandelt Menschen in der Umgebung eines mutmaßlichen Mörders und die Haltung dieser Menschen ihm gegenüber. Die Hauptfigur ist ein Mann in Angst, doch er entgeht dem Geschick, das er fürchtet. Mich hat interessiert, wie der Freundeskreis der Hauptfigur die beiden Männer beurteilt, denn einmal werden sowohl der Held wie sein Schwiegervater verdächtigt, andere Menschen beiseitegeschafft zu haben.

Um deutlich zu machen, was ich mit Kategorien meine,

muß ich noch einmal mein erstes Buch, *Zwei Fremde im Zug*, anführen. Als ich es schrieb, war es nur ›ein Roman‹, aber als es herauskam, wurde es als ›Suspense-Roman‹ eingestuft. Von da an wurde alles, was ich schrieb, in die Kategorie ›Suspense‹ gestellt; das bedeutet, daß alle Romane, die man schreibt, jedenfalls zu Anfang der Schriftstellerlaufbahn, sich damit abfinden müssen, von den Zeitungen in Einspaltern von höchstens zehn Zentimeter Länge abgehandelt und eingequetscht zu werden zwischen gute und schlechte Romane, die die gleiche Pauschalbehandlung erfahren. (Mit schlechten Romanen meine ich Bücher von oberflächlichen Routiniers.) Als ich auf dem College war und Kurzgeschichten schrieb, wäre vielleicht die Hälfte davon unter die Gattung gefallen, die man heute Suspense nennt, und die andere Hälfte nicht. Bei der College-Zeitschrift gebrauchte aber niemand diesen Ausdruck, und als eine der im College geschriebenen Geschichten, *Die Heldin*, von ›Harper's Bazaar‹ gekauft und später nachgedruckt wurde in *Prize Stories: The O. Henry Awards*, da nannte kein Mensch sie Suspense-Story, obgleich *Die Heldin* nach den Kriterien des Buchmarktes im Grunde eine Suspense-Story ist. Von meinen Kurzgeschichten, die sich zu mehr als fünfzig Prozent früher nicht verkaufen ließen, kann auch bei weitester Auslegung nur die Hälfte als Suspense-Stories bezeichnet werden. Und die, die gut gehen, sind nicht unbedingt ›Suspense‹-Stories.

Eine weitere Ausnahme ist *Ediths Tagebuch*, das 1977 und 1978 in Amerika, England und Europa erschien. Es gilt überall als Roman und – nach den Kritiken zu urteilen – als der beste, den ich bisher geschrieben habe. Die Story verläuft so unsensationell wie möglich: Ein Ehepaar der Mittelklasse mit einem zehnjährigen Sohn zieht von New York in eine Kleinstadt in Pennsylvania, wo sie sich ein glücklicheres Leben erhoffen. Als der Sohn etwa zwanzig ist, verläßt der Mann seine Frau um einer jungen Sekretärin willen. Der Sohn ist ein Versager, und die Mutter hat ihn nun zu Hause allein am

Hals. Möglicherweise sind es die Variationen und das Unerwartete in den Charakteren, die dem Buch mehr Qualität verleihen, als der Handlungsablauf verspricht.

Noch eine Ausnahme war mein Buch *Kleine Mordgeschichten für Tierfreunde,* dreizehn Short Stories, in denen Tiere den Sieg über ihre Herren oder Eigentümer davontragen, weil die letzteren ihre Strafen verdient haben. Mein Buch *Kleine Geschichten für Weiberfeinde* besteht aus vierzehn ganz kleinen Short Stories über die Schwächen des weiblichen Geschlechtes – bitter und böse und voll von schwarzem Humor. Solche Abschweifungen von der Krimi- und Suspense-Gattung verschaffen dem Geist des Schriftstellers Freiheit und sprechen auch einen vielschichtigeren Leserkreis an.

In Frankreich, England und Deutschland werde ich nicht als Suspense-Autorin kategorisiert, sondern einfach als Schriftstellerin – mit größerem Prestige, längeren Kritiken und proportional höheren Verkaufszahlen als in Amerika. In England werden meine Bücher von bekannten Rezensenten oder von Schriftstellern besprochen, und das Etikett ›Thriller‹ oder ›Suspense-Roman‹ wird häufig gar nicht verwendet. In Frankreich ist eine ganzseitige Besprechung eines meiner Bücher in einer Literaturzeitschrift oder eine halbseitige in einer Zeitung nichts Ungewöhnliches. Alle meine Bücher sind in der angesehenen Hachette-Reihe ›Livre de Poche‹ erschienen, die die Klassiker der ganzen Welt enthält.

Ein Lektor sagte mir einmal, daß der durchschnittliche Krimi- oder Suspense-Roman im Verkauf einen Boden und eine Decke hat, das heißt von einem solchen Buch, wie schlecht es auch sein mag, wird auf jeden Fall eine bestimmte Anzahl Exemplare verkauft. Diese Verkaufszahlen sind nicht gerade ermutigend. Es gibt Leser, die nie daran denken, einen Krimi- oder Suspense-Roman zu kaufen, weder gebunden noch broschiert, auch wenn er noch so gut ist, weil sie ›diese Art von Buch‹ nicht mögen. Aber mehr und mehr solcher Romane erklettern die Spitzen der Bestsellerlisten – und bleiben wochen- und oft monatelang oben. Suspense-Romane von Ken Follett, John Le Carré, Helen MacInnes, Robert Ludlum und einigen anderen findet man dort heute ganz regelmäßig.

Im allgemeinen stimmt es, daß Kritiker und Rezensenten in Amerika einen Krimi oder Thriller für oberflächlich und für qualitativ weniger wertvoll halten als einen Roman, von dem man automatisch annimmt, er sei ernsthafter, wichtiger und lohnender, eben weil er ein Roman ist und der Autor mit ihm gewiß eine ernsthafte Absicht hatte.

Qualitätsmerkmale

Der Suspense-Autor kann sein Los und den Ruf des Suspense-Romans verbessern, wenn er seine Bücher mit den Attributen ausstattet, die einen Roman von jeher zu einem guten Roman gemacht haben: Scharfblick, Charakter, Horizonterweiterung für die Phantasie des Lesers. Nimmt etwa ein Suspense-Autor sich vor, über Mörder und Opfer zu schreiben, also über Menschen im Strudel schrecklicher Ereigniswirren, dann muß er mehr tun, als Brutalität und Blutlachen zu beschreiben. Er muß versuchen, die Gedankenwelt der Charaktere ein wenig zu beleuchten, er muß sich interessieren für Gerechtigkeit oder mangelnde Gerechtigkeit in der Welt, sei sie gut oder schlecht, und für menschliche Feigheit oder Beherztheit – aber nicht nur als Kraftfaktoren, die seinen Plot in die eine oder andere Richtung schieben. Mit einem Wort: die erfundenen Menschen müssen wie wirkliche Menschen aussehen.

Diese Ernsthaftigkeit mag scheinbar dem Element des Spielens widersprechen, das ich in meinen Ausführungen über den Plot erwähnte. In Wirklichkeit ist das kein Widerspruch. Spielgeist ist notwendig, wenn man einen Suspense-Roman aufbaut, damit die Phantasie freien Lauf hat. Auch beim Erfinden von Charakteren ist er notwendig. Hat man aber einmal die Charaktere und den Plot fest im Kopf, so muß man die größtmögliche Sorgfalt auf die Charaktere verwenden und immer darauf achten, was sie tun und warum sie es tun. Erklärt der Autor es nicht – und es kann künstlerisch schlecht sein, zu viel zu erklären –, dann sollte er jedenfalls wissen, warum sich seine Figuren so und so verhalten, und sollte imstande sein, diese Frage sich selber zu beantworten. Nur so kommt Scharfblick zustande, und nur so gewinnt das Buch an Wert. Scharfblick findet man nicht in Psychologiebüchern; jeder kreative Mensch besitzt ihn. Und – siehe Dostojewskij – Schriftsteller sind ohnehin den Lehrbüchern um Jahrzehnte voraus.

Häufig kommt es vor, daß ein Schriftsteller ein Thema oder ein Muster hat und dieses Muster in seinen Romanen immer wieder verwendet. Darüber sollte er sich ganz klar sein und es nicht als Behinderung empfinden, sondern als etwas, das gut auszuwerten und nur mit Bedacht zu wiederholen ist. Manche Schriftsteller nehmen etwa eine Suche zum Thema: die Suche nach einem Vater, den man nie gekannt hat, oder nach dem Goldschatz, den es am Fuße des Regenbogens nicht gibt. Andere verwenden als Motiv immer wieder ein Mädchen in Not: damit fangen sie an zu planen, und ohne das geht es nicht recht vorwärts mit dem Schreiben. Ein oft benutztes Thema ist auch eine zum Scheitern verurteilte Liebe oder Ehe.

Das Thema, das ich in meinen Romanen immer wieder verwendet habe, ist die Beziehung zwischen zwei Männern. Meist haben sie ganz verschiedene Charaktere, manchmal besteht ein deutlicher Kontrast von Gut und Böse, manchmal sind es Freunde, die nicht zueinander passen. Ich hätte das auch selber erkennen können, als ich in der Mitte von *Zwei Fremde im Zug* angekommen war, aber es war ein Freund, ein Zeitungsmann, der mich darauf aufmerksam machte, als ich sechsundzwanzig war und mit *Zwei Fremde im Zug* gerade angefangen hatte. Er hatte das Manuskript meiner ersten, schon erwähnten Arbeit gesehen, die ich mit zweiundzwanzig geschrieben hatte, das Buch, das niemals beendet wurde. Es ging da um einen reichen, verwöhnten und um einen armen Jungen, der gern Maler werden wollte. In dem Buch waren sie beide fünfzehn. Und damit nicht genug: es gab da noch zwei weniger wichtige Figuren, einen sportlich-harten Jungen, der oft die Schule schwänzte (und wenn er kam, schockierte er alle mit Dingen wie dem aufgetriebenen Körper eines toten Hundes, den er am Ufer des East River gefunden hatte), und einen mageren intelligenten Jungen, der oft albern lachte, aber den anderen bewunderte und immer in seiner Nähe war. Das Zweimänner-Thema erschien auch in *Der Stümper, Der talentierte Mr. Ripley, Ein Spiel für die Lebenden* und *Die zwei Gesichter des Januars,* und ein wenig wagte es sich ebenfalls hervor in *Die gläserne Zelle* in der merkwürdigen Haltung der Kumpel-gegen-die-Umwelt bei Carter und Gawill. *Der Junge, der Ripley folgte (1980)* beschreibt ebenfalls eine Zweimänner-Beziehung, nur ist es in diesem Falle die Beziehung zwischen Ripley und einem viel jüngeren Jungen, für den Ripley eher väterliche als antagonistische Gefühle hegt. So taucht also dieses Thema in sieben meiner Romane auf; darunter sind die Bücher, die das Publikum für meine besten hält.

Nach Themen kann man nicht suchen oder grübeln, sie erscheinen von selbst. Man soll sie – wenn man nicht in Gefahr ist, sich zu wiederholen – voll ausnutzen, denn ein Autor schreibt besser, wenn er das benutzt, was aus irgendeinem seltsamen Grunde in ihm steckt.

Ein Beispiel: Das einzige wirklich langweilige Buch, das ich geschrieben habe, war mein fünftes, *Ein Spiel für die Lebenden,* in dem der Mörder (des Mädchens, das jemand im ersten Kapitel tot auffindet) nur verschwommen am Anfang der Story vorgestellt wird. Er soll nicht verdächtigt werden. Ein anderer Mann, den man viel besser kennt, legt ein Geständnis ab, doch man glaubt ihm nicht ganz. Der wirkliche Mörder tritt nur sehr wenig auf, und so wurde *Ein Spiel für die Lebenden* sozusagen ein Who-dunnit (ein Krimi, bei dem der Täter bis zum Schluß unbekannt bleibt) – ein Genre, das sicher nicht meine Stärke ist. Ich hatte versucht, mal etwas vom gewohnten Weg abzuweichen, hatte aber dadurch gewisse Elemente auslassen müssen, die für mich unumgänglich sind: Überraschung, flüssiges Handlungstempo, Strapazieren der Gutgläubigkeit beim Leser, und vor allem das Vertrautsein mit dem Mörder selbst. Ich bin kein Rätselerfinder und habe auch Geheimnisse nicht gern. Das Resultat, nach einem Jahr mühsamer Arbeit und viermaligem Umschreiben, war Mittelmäßigkeit. Ausländischen Verlegern und auch Verlegern, die an eine Neuauflage denken, sage ich immer: ›Dies ist mein schlechtestes Buch – bitte überlegen Sie es sich, bevor Sie es kaufen.‹ Trotzdem bin ich der Ansicht, daß jede Story richtig erzählt werden kann, wenn der Autor einige seiner stärkeren Seiten dabei heranzieht, nur muß er sich zunächst darüber klar sein, welches seine stärkeren Seiten sind. Bei diesem langweiligen Buch habe ich gegen mein Naturgesetz gehandelt.

Ich habe über die Suspense-Bücher anderer Autoren wenig gesagt, hauptsächlich weil ich sie selten lese; ich bin also nicht qualifiziert, bestimmte Suspense-Bücher als gut oder sehr gut zu befinden und die Gründe anzugeben. Am liebsten lese ich Graham Greenes Bücher, vor allem weil sie unterhaltend, intelligent und gut geschrieben sind. Außerdem ist er Moralist, auch in den Unterhaltungsromanen, und mich interessiert Moral, solange sie nicht gepredigt wird. Zweifellos wird es für einen Suspense-Autor beruflich von Nutzen sein, sich mit dem ganzen Gebiet des ›Besten‹ in der Suspense-Literatur zu beschäftigen, aber dazu fehlt mir die Neigung. Ich nehme mich ja selber als Suspense-Autor hinsichtlich dieser Kategorie nicht ganz ernst, und es interessiert mich nicht, wie ein anderer Schriftsteller erfolgreich ein schwieriges Thema behandelt hat, denn ich kann sein Beispiel doch nicht im Kopf behalten, wenn ich mit meinem eigenen Problem vor der

Schreibmaschine sitze. Graham Greenes Romane lese ich zum Vergnügen, aber ich würde niemals daran denken, ihn zu imitieren oder mich auch nur von ihm anleiten zu lassen – ich hätte nur gern sein Talent für *le mot juste*, eine Gabe, die auch an Flaubert zu bewundern ist. Da ich nun also zu träge bin, mein eigenes Gebiet zu studieren, ist es auch leicht, Vernunftgründe zu finden und alles damit zu entschuldigen, daß ich mir sage, ich liefe vielleicht Gefahr, andere nachzuahmen, wenn ich ihre Suspense-Bücher lese. In Wirklichkeit glaube ich das ja gar nicht. Beim Nachahmen fehlt die Begeisterung, und ohne Begeisterung kann man kein anständiges Buch schreiben.

In der Story allein liegt der bleibende Wert. Moral und Sozialverhalten ändern sich im Lauf der Jahrzehnte, doch immer noch graben Film- und Fernsehautoren Werke von Henry James aus, weil er stets eine gute Story erzählt hat. Ich sah neulich *Daisy Miller* als einstündiges Fernsehspiel. Wie anders waren die Sitten um 1910! Heute würde die Jugend wohl zunächst denken: ›Was – ihr drittes date? Er ist in sie verliebt, sie macht ihn an, und im Bett sind sie noch nicht zusammen gewesen?‹ Doch das Thema des Buches – das nebenbei die ungebildeten Geldsäcke der Neuen Welt, wie Daisy sie verkörpert, mit der alten Kultur Europas konfrontiert – ist die Ermahnung einer älteren Freundin aus dem Kreise des jungen Mannes: ›Laß das amerikanische Mädchen laufen! Sie paßt nicht zu dir. Ändern wird sie sich nie. Sie wird dich gesellschaftlich ruinieren.‹ Der moderne Zuschauer oder Leser würde hier vielleicht denken: ›Ihn ruinieren – wieso? Und wenn schon.‹ Doch im Verlauf der Story beginnt man, sich für den Ablauf der Ereignisse zu erwärmen, sich mit dem jungen Mann zu identifizieren oder doch ihn und seinen Kreis zu verstehen und die Bedeutung der Entscheidung, die er trifft, zu begreifen. Keinerlei Sex, nur ist Sex in der Luft und deshalb überall in *Daisy Miller*. Spannende Unterhaltung. Henry James, als Bühnenautor ein völliger Versager, müßte heute am Leben sein und sehen, was andere Dramatiker aus seinen Werken machen. Er wäre stolz darauf.

Ein anderer Autor (ein Zeitgenosse, der ungenannt bleiben soll) macht es umgekehrt. Er schreibt erst das Drehbuch für den Film und walkt daraus dann den Roman zurecht, damit er sich mit dem Film deckt. Gestalten: keine. Moral: was man will. Alles ist Action, hier und da Sex auf die Schnelle, sofort vergessen wie die Nullen, die buchstäblich explosive Plots auszuführen haben; oft soll ein Riesengebäude oder eine Brücke in die Luft gejagt werden, wenn der Held es nicht noch verhindert. Der Autor verdient eine Menge Geld. Doch man fragt sich, ob seine Bücher in fünfzig Jahren noch Fundgruben für Remakes oder für Bühnen- und Fernsehspiele sind.

Der Junge, der Ripley folgte, mein viertes Ripley-Buch, hatte unterschiedliche Kritiken. Die Kritiker, denen es gefiel, scheinen es wirklich zu lieben. Anderen ist es zu sehr angefüllt mit Details und deshalb langweilig, zu langsam für die Thriller-Gangart. Es ist die Geschichte eines Jungen, der seinen Vater umgebracht hat und der Ripley aufsucht, um es ihm zu gestehen und um zu versuchen, seine Gewissenslast zu erleichtern. Ripley meint, es sei ihm gelungen, den Sechzehnjährigen zu beruhigen, ihn mit sich ins reine kommen zu lassen wegen des Verbrechens, das er in wenigen Zornsekunden begangen hat. Entweder das Buch überzeugt oder es überzeugt nicht. Wie immer geht es auch hier um die Frage der Moral oder der fehlenden Moral: in unserer Welt der zornigen jungen Männer und gedungenen Mörder, die sich im zwanzigsten Jahrhundert nicht unterscheiden von den zornigen Männern und gedungenen Mördern der vorchristlichen Jahrhunderte: interessiert es da irgend jemanden, wer mordet oder ermordet wird ? Den Leser interessiert es – wenn die Personen der Story das Interesse lohnend machen.

Ich schließe dieses Buch mit dem Gefühl, daß ich etwas ausgelassen habe, etwas sehr Wichtiges, und das habe ich. Es ist Individualität, es ist das Glück des Schreibens, das sich eigentlich gar nicht schildern läßt, das man nicht in Worte fassen und an einen anderen weitergeben kann, damit er es mit einem teile oder es benutze. Es ist die seltsame Macht der Arbeit, die für den Schriftsteller, der dort gearbeitet, geschwitzt, geflucht und vielleicht ein paar Minuten Triumph und Befriedigung erlebt hat, einen Raum – jeden Raum – in etwas ganz Besonderes verwandeln kann. In meiner Erinnerung leben viele solche Räume: ein ganz kleines Zimmer in Ambach bei München, wo die Decke so niedrig war, daß ich an dem einen Ende nicht aufrecht stehen konnte; das frühere Mädchenzimmer in einem Gasthaus; ein eiskaltes, feuchtes Zimmer in einer englischen Küstenstadt, wo ich verzweifelt immer die Risse ausstopfte, als wäre ich auf einem sinkenden Schiff; ein Zimmer in Florenz mit einem Holzofen, in dem absolut nichts brennen wollte; ein Zimmer in Rom, dessen Einrichtung, wenn ich daran denke, in mir die Erinnerung an eine merkwürdige Kombination von harter Arbeit und Tollhaus wachruft. Es liegt an der Einsamkeit des Schreibens, daß man diese starken Erinnerungen und Gefühle mit niemandem teilen kann.

Auf der erfreulichen Seite steht das Bewußtsein, daß man während des Schreibens vollständig und glücklich in das Buch vertieft ist, egal ob das Schreiben sechs Wochen, sechs Monate oder noch viel länger dauert. Man muß das Buch auch beschützen, während man es schreibt; es ist zum Beispiel ein großer Fehler, einen Teil des Buches jemandem zu zeigen, bei dem man mit einer scharfen Kritik rechnen muß, wodurch möglicherweise das eigene Selbstvertrauen Schaden erleidet. Auf seine Weise wird aber andererseits das Schreiben des Buches den Schreibenden vor mancherlei vernichtenden emotionalen Schlägen schützen, die ihn sonst verletzen und vom Schreiben ablenken würden.

Das unsichere und isolierte Leben eines Schriftstellers zeigt seine Kehrseite, wenn der Glückspegel ein wenig ansteigt: der Schreiber kann dann in der Nachsaison nach Mallorca fliegen und ein paar Wochen in der Sonne baden, wenn alle Bekannten in der Großstadt festsitzen. Oder er kann sich einem Freund anschließen, der in einem wackligen Segelboot von Acapulco nach Tahiti segelt, und braucht sich keine Sorgen zu machen über die Länge der Reise, bei der vielleicht auch noch ein Buch für ihn herauskommt. Ein Schriftsteller hat ein ungebundenes und freies Leben; gibt es Härten, so ist es ein Trost zu wissen, daß man damit nicht allein ist und niemals allein sein wird, solange es Menschen gibt. Die Finanzen sind gewöhnlich ein Problem, das Schriftsteller immerwährend belastet, aber das gehört bei diesem Spiel dazu. Und das Spiel hat eigene Regeln. Die meisten Schriftsteller und Künstler müssen in der Jugend zwei Jobs auf sich nehmen: einen Job zum Geldverdienen und einen für die eigene Arbeit. In Wirklichkeit ist es noch etwas schlimmer. Der Autorenverband hat festgestellt, daß in Amerika fünfundneunzig Prozent aller Schriftsteller ihr Leben lang einen Brotjob behalten müssen, um über die Runden zu kommen. Wenn die Natur einem die Extrakraft dazu nicht gibt, dann wird die Liebe zum Schreiben und der Drang zum Schreiben sie geben. Man wird vielleicht ab dreißig beginnen abzuschlaffen, also nicht mehr mit vier Stunden Schlaf auskommen; dann fängt man an, über Steuern zu schimpfen, und behauptet, im Grunde sei doch der Regierung nur daran gelegen, alle Künstler in den Ruin zu treiben. Dann sollte man sich daran erinnern, daß Künstler – genau wie Schnecken und Hohlwirbelfische und andere bleibende Formen organischen Lebens – schon gelebt und sich durchgeschlagen haben, als man von Regierungen noch gar nicht träumte.

Patricia Highsmith im Diogenes Verlag

»Die Highsmithschen Helden, gewöhnt an die pflaumenweiche Perfidie und hämisch-sanfte Tücke des Mittelstandsbürgertums, trainiert aufs harmlose Lügen und Verstellen, begehen Morde so, als wollten sie mal wieder Ordnung in ihre unordentlich gewordene Wohnung bringen. Da gibt es keine moralischen Skrupel, die bremsend eingreifen, da herrscht nur die Logik des Faktischen. Meist sind es Paare, enttäuschte Liebhaber, Beziehungen, die in der Sprachlosigkeit gestrandet sind, sich nur noch mittels Mißverständnissen einigermaßen arrangieren, ehe das scheinbar funktionierende Getriebe einen irreparablen Defekt bekommt. Diese ganz normalen Konstellationen sind es, übertragbar auf alle Gesellschaften, die die Autoren und Filmer im deutschsprachigen Kulturraum so faszinieren. Denn Patricia Highsmith findet für ihre seelischen Offenbarungseide immer die schauerlichsten, alptraumhaftesten Rahmen, die ihren ›Beziehungskisten‹ den rechten Furor geben.
Die Highsmith-Thriller sind groteske, aber präzise Befunde unserer modernen bürgerlichen Gesellschaft, die an Seelenasthma leidet.«
Wolfram Knorr/Die Weltwoche, Zürich

Der talentierte Mr. Ripley
Roman. Aus dem Amerikanischen von Barbara Bortfeldt

Ripley Under Ground
Roman. Deutsch von Anne Uhde

Ripley's Game
oder Ein amerikanischer Freund
Roman. Deutsch von Anne Uhde

Der Junge, der Ripley folgte
Roman. Deutsch von Anne Uhde

Ripley Under Water
Roman. Deutsch von Otto Bayer

Venedig kann sehr kalt sein
Roman. Deutsch von Anne Uhde

Das Zittern des Fälschers
Roman. Deutsch von Anne Uhde

Lösegeld für einen Hund
Roman. Deutsch von Anne Uhde

Der Stümper
Roman. Deutsch von Barbara Bortfeldt

Zwei Fremde im Zug
Roman. Deutsch von Anne Uhde

Der Geschichtenerzähler
Roman. Deutsch von Anne Uhde

Der süße Wahn
Roman. Deutsch von Christian Spiel

Die zwei Gesichter des Januars
Roman. Deutsch von Anne Uhde

Kleine Geschichten für Weiberfeinde
Eine weibliche Typenlehre in siebzehn Beispielen. Deutsch von Walter E. Richartz. Zeichnungen von Roland Topor

Kleine Mordgeschichten für Tierfreunde
Deutsch von Anne Uhde

Der Schrei der Eule
Roman. Deutsch von Gisela Stege

Tiefe Wasser
Roman. Deutsch von Eva Gärtner und Anne Uhde

Die gläserne Zelle
Roman. Deutsch von Gisela Stege und Anne Uhde

Ediths Tagebuch
Roman. Deutsch von Anne Uhde

Der Schneckenforscher
Elf Geschichten. Deutsch von Anne Uhde. Mit einem Vorwort von Graham Greene

Leise, leise im Wind
Zwölf Geschichten
Deutsch von Anne Uhde

Ein Spiel für die Lebenden
Roman. Deutsch von Anne Uhde

Keiner von uns
Elf Geschichten
Deutsch von Anne Uhde

Leute, die an die Tür klopfen
Roman. Deutsch von Anne Uhde

Nixen auf dem Golfplatz
Erzählungen. Deutsch von Anne Uhde

Suspense
oder Wie man einen Thriller schreibt. Deutsch von Anne Uhde

Elsie's Lebenslust
Roman. Deutsch von Otto Bayer

Geschichten von natürlichen und unnatürlichen Katastrophen
Deutsch von Otto Bayer

Meistererzählungen
Deutsch von Anne Uhde, Walter E. Richartz und Wulf Teichmann

Carol
Roman einer ungewöhnlichen Liebe. Deutsch von Kyra Stromberg

›Small g‹ – eine Sommeridylle
Roman. Deutsch von Christiane Buchner

Über Patricia Highsmith
Zeugnisse von Graham Greene bis Peter Handke. Mit Bibliographie, Filmographie und zahlreichen Fotos. Herausgegeben von Franz Cavigelli und Fritz Senn

Barbara Vine im Diogenes Verlag

Die im Dunkeln sieht man doch

Roman. Aus dem Englischen von
Renate Orth-Guttmann

Der Fall der Vera Hillyard, die kurz nach dem Krieg wegen Mordes zum Tod durch den Strang verurteilt und hingerichtet wurde, wird wieder aufgerollt. Briefe, Interviews, Erinnerungen, alte Photographien fügen sich zu einem Psychogramm, einer Familiensaga des Wahnsinns. Schicht um Schicht entblättert Barbara Vine die Scheinidylle eines englischen Dorfes, löst zähe Knoten familiärer Verflechtungen und entblößt schließlich ein Moralkorsett, dessen psychischer Druck nur noch mit Mord gesprengt werden konnte.

»Barbara Vine ist die beste Thriller-Autorin, die das an Krimi-Schriftstellern nicht eben arme England aufzuweisen hat. Ein Psycho-Thriller der Super-Klasse.« *Frankfurter Rundschau*

Es scheint die Sonne noch so schön

Roman. Deutsch von Renate Orth-Guttmann

Ein langer, heißer Sommer im Jahr 1976. Eine Gruppe junger Leute sammelt sich um Adam, der ein altes Haus in Suffolk geerbt hat. Sorglos leben sie in den Tag hinein, lieben, stehlen, existieren. Zehn Jahre später werden auf dem bizzaren Tierfriedhof des Ortes zwei Skelette gefunden – das einer jungen Frau und das eines Säuglings…

»Der Leser glaubt auf jeder zweiten Seite, den Schlüssel zur Lösung des scheinbar kriminellen Mysteriums in Händen zu halten, doch – der Schlüssel paßt nicht, sperrt nicht, klemmt… Keine Frage, dieser Roman ist ein geglückter Thriller, ein famos geglückter, wofür diese Autorin auch bürgt.« *Wiener Zeitung*

Das Haus der Stufen

Roman. Deutsch von
Renate Orth-Guttmann

Eine der großen Lügnerinnen der Welt, nennt Elisabeth die junge Bell. Und trotzdem, oder vielleicht deswegen: noch nie zuvor war Elisabeth von einer Frau dermaßen fasziniert. Selbst als Bells kriminelle Vergangenheit offenkundig wird, kann sich Elisabeth nicht aus ihrer Liebe zu Bell lösen. Immer wieder findet sie Erklärungen und Entschuldigungen für das unglaubliche Verhalten dieser mysteriösen Frau.

»Barbara Vine alias Ruth Rendell ist in der englischsprachigen Welt längst zum Synonym für anspruchvollste Kriminalliteratur geworden.«
Österreichischer Rundfunk, Wien

Liebesbeweise

Roman. Deutsch von
Renate Orth-Guttmann

»*Liebesbeweise* ist Barbara Vines bisher eindringlichster Exkurs in die dunklen Geheimnisse der Obsessionen des Herzens. Dieser Roman betrachtet und prüft mancherlei Arten von Liebe: die romantische Liebe, die elterliche Liebe, die abgöttische Liebe, die besitzergreifende Liebe, die selbstlose Liebe, die erotische Liebe, die platonische Liebe und die kranke Liebe.«
The New York Times Book Review

»Wer die englische Autorin kennt, weiß, daß es in *Liebesbeweise* wieder um ein veritables Verbrechen geht, daß dieser Kriminalroman aber in Wirklichkeit wieder ein Reisebericht über eine zerklüftete Landschaft emotionaler Verstrickungen ist. Die Landschaften wechseln bei Barbara Vine, gleich bleibt die suggestive Verführungskraft, mit der sie ihre Leser in immer neue Abgründe zieht. Man wird süchtig...«
profil, Wien

König Salomons Teppich

Roman. Deutsch von Renate Orth-Guttmann

Welcher fliegende Teppich trägt uns – wie ehedem Salomon – heute überallhin? Die Londoner U-Bahn! Von ihr aber gibt es Geschichten zu erzählen, die alles andere als märchenhaft sind. Hart und verwegen geht es zu in den Tunneln der Tube, wo die Gesetze der Unterwelt gelten. Eine Geschichte der U-Bahn schreibt der exzentrische Jarvis. Und gleichzeitig steht er einem Haus vor, in dem die unterschiedlichsten Außenseiter Unterschlupf finden, wenn sie nicht gerade in der U-Bahn unterwegs sind.

»Zum geheimnisvollen, bedrohlichen Labyrinth werden die Stationen, Tunnels, Lift- und Luftschächte der Londoner U-Bahn in *König Salomons Teppich*. Barbara Vine, die Superfrau der Crime- und Thrillerwelt, ist in absoluter Hochform. Ergebnis: hochkarätige , bei aller mordsmäßigen Spannung vergnügliche Literatur.« *Cosmopolitan, München*

Astas Tagebuch

Roman. Deutsch von Renate Orth-Guttmann

Einsam im fremden England, vertraut Asta, eine junge Dänin, die Freuden und Nöte ihres Familienalltags einem Tagebuch an: Erziehung der Söhne, Probleme mit dem Mann, ihre Bemühungen um Eigenständigkeit in der anderen Umgebung, das Nahen des Ersten Weltkriegs... Kein leichtes Schicksal, wäre nicht Swanny, ihre Lieblingstochter, die der Mutter treu zur Seite steht. Doch ob Swanny überhaupt Astas Tochter ist? Und könnte es Verbindungen geben zu dem skandalösen Mordprozeß im Fall Roper? Barbara Vine kombiniert meisterhaft ein Familiendrama mit einer Kriminalgeschichte.

»Das bislang Beste aus der Feder von Barbara Vine alias Ruth Rendell.« *Literary Review, London*

Dick Francis im Diogenes Verlag

Todsicher

Roman. Deutsch von
Tony Westermayr

Daß der Sturz des Jockeys Bill Davidson Zufall war, will sein Freund Alan nicht glauben. Zu gut kennt er die Welt des Rennsports, zu gut ist er mit den düsteren Machenschaften hinter den Kulissen der Rennbahn vertraut. Alan vermutet Sabotage und macht sich auf die Suche nach den Urhebern. Bis es zu einem atemberaubenden Showdown zwischen einem Pferd und einer ganzen Taxiflotte kommt...
Der erste Kriminalroman von Dick Francis! Vieles muß der Held einstecken, bevor er schließlich doch noch zu seinem wohlverdienten Happy-End kommt.

Nervensache

Roman. Deutsch von
Tony Westermayr

Sid Halley ist erfolgreich als Jockey, bis ihn jener verhängnisvolle Sturz vom Pferd mit einer verkrüppelten Hand zurückläßt. Daraufhin gibt er den Rennsport auf und wird Privatdetektiv. Seine Spezialität: Verbrechen rund um die Pferdebahn. Skrupellose Geschäftemacher bedrohen die Existenz des Rennplatzes Seabury. Immobilienschwindel? Sid soll dies aufklären. Dabei trifft er auf einen Gegner, der keine Skrupel kennt: Howard Kraye – ein Mann ohne Vergangenheit. Und dann ist da noch die ebenso schöne wie eiskalte Doria. Ihre Gelüste bringen Held und Gegenspieler gleichermaßen auf Trab...

»Großartig: Zügig erzählt, authentische Milieuschilderung, atemberaubendes Ende.«
The Daily Telegraph, London

Blindflug

Roman. Deutsch von
Tony Westermayr

Billy Watkins und Henry Grey sind sich spinnefeind. Nur weil Henry ein Lord ist? Dabei steht er seinen Mann, auch als er sich in den Netzen von Verbrechern und Spionen wiederfindet: Auf einer seiner Flugreisen macht er eine unvermutete Entdeckung, die ihn in tödliche Gefahr bringt.
Henry fällt in die Hände seiner skrupellosen Gegner. Und das Leben seiner Freundin Gabriella ist in Gefahr...

»Exzellent... anschauliche Schilderung der Welt der Pferde, Flugzeuge und des hochkarätigen Bösen.«
The New York Times

Hilflos

Roman. Deutsch von
Nikolaus Stingl

James Tyrone ist Sportreporter eines englischen Massenblattes und spezialisiert auf Pferderennen: ein Mann mit eisernen Nerven. Doch seit dem Tag, an dem sein Freund Bert Checkov auf dem Pflaster der Fleet Street starb, sieht Ty überall Gespenster. Denn dieser Todesfall macht aus seiner Reportage über Pferdewetten den Funken, der ein Pulverfaß internationaler Wettbetrügereien hochjagt. Ty schwebt in Lebensgefahr – aber schlimmer noch ergeht es seiner Frau Liz. Muß sie sterben, damit er recht behält?

»Die Bücher von Dick Francis haben die Grenzen des Krimis längst überschritten.«
Süddeutsche Zeitung, München

Hilflos wurde 1969 in Amerika mit dem ›Edgar Allan Poe Mystery Prize‹ für die beste Kriminalgeschichte ausgezeichnet.

Gefilmt

Roman. Deutsch von
Malte Krutzsch

Edward Lincoln ist ein berühmter Schauspieler. Auf der Leinwand mimt er den mutigen Helden, den stürmischen Liebhaber und liefert den Verbrechern halsbrecherische Verfolgungsjagden. Außerhalb der Filmstudios ist er nichts als ein zufriedener Familienvater und gewöhnlicher Bürger.
Südafrika, der Drehort seines neuen Films, ist nun allerdings nicht gewöhnlich. Dort lauern die Gefahren nicht nur vor der Kamera: eine bis oben mit Sprengstoff gefüllte Goldmine, ein Naturreservat voll unnatürlich wilder Raubtiere und ein unheilvolles Gestüt feuriger Vollblutpferde, die kein Rennen gewinnen…
Seine beste Rolle spielt Lincoln ohne Drehbuch, fern der klimatisierten Filmstudios in der sengenden Afrikasonne. Und diesmal ist es kein Spiel.

»Wenn es Dick Francis eines Tages einfiele, eine eigene Privatdetektei zu gründen oder dem British Intelligence Service beizutreten, dann könnten die anderen Kriminalschriftsteller endgültig einpacken.«
Time Magazine, New York

Galopp

Roman. Deutsch von
Ursula Goldschmidt und
Nikolaus Stingl

Ex-Jockey Randall Drew wird in einer delikaten Mission nach Moskau geschickt. Ein mysteriöses Wesen mit Namen ›Alyosha‹ bedroht einen königlichen Kandidaten an den Olympischen Spielen in Moskau. Der Auftrag ist vage, der Gegner unsichtbar, und die Hindernisse sind eigentlich unüberwindlich…

»*Galopp* ist ein rundum perfekter Lesegenuß.«
The New York Times

Handicap

Roman. Deutsch von
Jobst-Christian Rojahn

»Ein häßlicher Skandal schüttelt den Jockey-Club. Aber Ex-Jockey und Privatdetektiv Sid Halley überlistet den sadistischen Buchmacher und sticht die feldführenden Killer aus. *Handicap* packt einen wie ein junger todesmutiger Jockey ein durchgehendes feuriges Pferd.« *The Guardian, London*

»Francis versteht es fabelhaft, in seinen Plot abermals den Pferdesport zu verweben und eine grundsolide, sehr spannende Geschichte zu erzählen mit einem Haufen verblüffender Informationen.«
Wolfram Knorr/Die Weltwoche, Zürich

Reflex

Roman. Deutsch von
Monika Kamper

Ein zäher junger Jockey mit einer rauhen Vergangenheit und einer erfolgversprechenden Zukunft stolpert über Erpressung und manipulierte Rennen und erledigt gemeine Verbrecher mit Heldenmut und fotografischer Hexerei!

»Die harten Gesetze des Genres werden von Dick Francis strikt befolgt. Doch die Wege, auf denen er sich zu einem immer lädierten, oft sehr zweifelhaften Happy-End durchringt, sind weitab von jeder Schablone.« *Frankfurter Allgemeine Zeitung*

Banker

Roman. Deutsch von
Malte Krutzsch

Tim Ekaterin, Vorstandsmitglied einer angesehenen Handelsbank, ist für einen Fünfmillionenkredit verantwortlich, der Oliver Knowles den Kauf des Rennpferdes ›Sandcastle‹, Gewinner der berühmtesten

Rennen Englands, zu Zuchtzwecken finanzieren soll. Und die Prämien für die Deckung einer Stute mit ›Sandcastle‹ bringen das Geld, den Kredit zurückzuzahlen. Eine einfache Rechnung – wenn nichts dazwischenkommt…

»Schlicht super, schmerzhaft, tollkühn, sinnlich und unterhaltend, für Jäger verlorener Schätze und Spieler um hohe Einsätze.« *Kirkus Review, New York*

Gefahr

Roman. Deutsch von
Malte Krutzsch

Alessia Cenci, Italiens erfolgreichste Rennreiterin, wird entführt. Andrew Douglas, Mitglied einer privaten Anti-Kidnapping-Beratungsfirma, wird auf diesen Fall angesetzt. Er hat nur zwei Anhaltspunkte: ein Gesicht, das ihm nicht gefällt, und – Pferde…

»Als Jockey schlug Dick Francis alle weit ab. Dasselbe läßt sich heute von ihm als Kriminalautor sagen.« *Daily Mirror, London*

Gegenzug

Roman. Deutsch von
Malte Krutzsch

Schauplatz dieser Geschichte voller Dramatik und Intrigen ist ein Millionärsexpreß, der die spektakuläre Landschaft Kanadas durchquert. An Bord sind reiche Pferdebesitzer, die ihre Pferde in Toronto, Winnipeg und Vancouver an den Start begleiten wollen. Und ein eiskalter Erpresser, für den Mord nur eine Alternative unter vielen darstellt.

»Seelisch verwahrloste Millionärskinder, knurrige Polizisten und überdrehte Luxusweibchen machen sich prächtig vor der noch prächtigeren Kulisse der Rocky Mountains, die der Zug mit seiner zwei- und vierbeinigen Fracht ums Haar nicht überwunden

hätte, wären da nicht Agent Tor Kelsey und die plastische Phantasie seines Schöpfers gewesen.«
Wilhelmine König/Der Standard, Wien

Unbestechlich

Roman. Deutsch von
Jobst-Christian Rojahn

»Ich habe das Leben meines Bruders geerbt. Habe seinen Schreibtisch, sein Geschäft, sein technisches Spielzeug, seine Feinde, seine Pferde und seine Geliebte geerbt. Ich habe das Leben meines Bruders geerbt und dabei fast das meine verloren...«

»Auch in diesem Roman verfügt der Brite Francis über jenen lakonischen Tonfall des ›Understatements‹, der alle seine Romane auszeichnet und denen der besten ›hartgesottenen‹ Amerikaner ähnlich macht.«
Jochen Schmidt/FrankfurterAllgemeine Zeitung

Außenseiter

Roman. Deutsch von Gerald Jung

John Kendall, Verfasser von Ratgebern für Überlebenstraining, nimmt das Angebot an, die Biographie eines Pferdetrainers zu schreiben. Als er seine Recherchen auf dem Trainingshof aufnimmt, scheint er es mit seinem Auftrag gut getroffen zu haben. Doch dieses Gefühl verwandelt sich in Entsetzen: Er muß erfahren, daß die düsteren Vorfälle im lieblichen, ländlichen England den Gefahren des Dschungels in nichts nachstehen.

»Voller erzählerischer Frische... sehr lebendig.«
The Sunday Times, London

Sporen

Roman. Deutsch von Malte Krutzsch

Seit ein Sturz seine Jockeykarriere jäh beendet hat, betreibt Freddie Croft ein Pferdetransportunternehmen in Südengland. Eines Tages nehmen seine Fahrer einen Anhalter mit; am Ziel ist er tot. Die Leiche macht Freddie in den Augen der Polizei verdächtig, zumal kurz darauf ein ihm anvertrautes Rennpferd auf mysteriöse Art verendet. Der ehemalige Jockey muß nun um sein Geschäft und sein Leben kämpfen.

»Es gibt nicht viel, was überzeugender wäre als Dick Francis in gestrecktem Galopp.«
Chicago Tribune/USA Today

Lunte

Roman. Aus dem Englischen
von Malte Krutzsch

»Wie in den meisten Francis-Romanen tritt auch in *Lunte* ein Jockey auf den Plan. Nur daß er diesmal weiblich ist, reinrassig, blaublütig, besessen, kühn, reizbar und gefährlich – wie die ganze restliche, nicht nur noble Familie –, ein Siegertyp und nicht immer ganz ehrlich. Der Leser erreicht die letzten Seiten adrenalingeladen und mit pochenden Schläfen wie ein Rennpferd das Finish.« *Miami Herald*

»Das Verrückteste: Der alte Francis wird immer besser!« *Peter Münder/Hamburger Rundschau*